加害者に させない ために

社会的孤立の予防と 罪に問われた人の更生支援

監著 ◦ 石野 英司　　　編著 ◦ 堀 清和・宮﨑 充弘

著 ◦ 新井利昌　礒野太郎　伊丹昌一　上野典子　小川多雅之
関西ろくぶんのろく　北野真由美　小名京子　坂根匡宣　白木早苗
末永貴寛　中野瑠美　西塙美子　林吾郎　foxy-o　見田勇二
宮田美恵子　三好真基子　村木太郎　横平謙　流草

晃洋書房

◇ は じ め に ◇

　触法障がい者、累犯障がい者という言葉があります。触法障がい者とは法に触れることをして罪に問われた障がい者のことを言い、累犯障がい者は、何度も罪を繰り返してしまう障がい者のことを意味します。山本譲司さんの書籍『累犯障害者』（新潮社、2006年）でこの言葉を知った人も多いでしょう。この書籍により、刑務所や少年院といった矯正施設には知的障がいなど何らかの障がいがある人が数多くいることが世に知られました。同時に、福祉に携わる人々がこれまで彼らの存在に気づけなかったという現実も突き付けられました。

　私（石野英司）は、堺市で株式会社「い志乃商会」を経営しながら、「南大阪自立支援センター」というNPO法人も同時に運営しています。い志乃商会ではおしぼりやリネンタオルの貸し出し業を行なっており、父の代から障がいのある人を会社の中で受け入れてきました。現在では、訪問看護ステーションと相談支援事業所、罪に問われた障がい者に特化したグループホームも運営しています。NPO法人では、障がい者が日中働ける支援事業や放課後等デイサービス事業などを行っています。

　弊社では長年、刑務所や少年院で過ごした経験のある障がい者と関わってきました。中には、罪を繰り返してしまい何度も刑務所に入る人もいます。彼らとの出会いを通して、私はさまざまなことに気づかされました。世の中の多くの人は罪を犯した犯罪者と聞いて凶悪な人をイメージすることでしょう。しかし、私がこれまで受け入れてきた罪を犯した障がい者の多くは純粋な人たちでした。なぜ彼らは罪を犯してしまうのでしょうか。お金の計算が苦手なので無銭飲食で捕まった、おなかがすいたから万引きをしたなど、障がい特性からくる困りごとによって彼らが罪を犯してしまうという背景が見えてきました。社会的な規範を理解できず、罪の意識もなくルールを破ってしまう人がいるのです。福祉につながっていれば、罪を防げたのではないか、彼らを受け止める場所や支える人がいれば、心を入れ替えて立ち直れるのではないかと思う事例が多々あります。当然のことながら、障がいがあるからと言って犯罪をしていいわけではありません。犯した罪は償わなければいけません。被害を受けた方にとっては、加害者の障がいの有無などは関係のない話ですし、被害者の気持ち

を軽視するわけにもいきません。その上で、彼らが過ちを繰り返さずに、社会の中で更生するためにはどうすればいいのか、考えていくことが大切だと思います。

　罪に問われた障がい者と関わる中でもう一つ気づかされることがあります。それは、彼らの多くが不遇な幼少期を体験しており、劣悪な環境で育ってきたということです。障がいの有無を問わず、繰り返し罪を重ねてしまう人の過去を見ると、その多くが社会的に孤立していたという共通点が見られます。この点についても、「気の毒な事情がある人については大目に見てやってください」と言うつもりはありません。彼らの成育歴を通して見えてくるのは、現在、同じような状況に置かれている子ども達や家庭に、いち早く手を差し伸べることができれば、罪を犯す前に社会の中で調和して生きていくすべを獲得できるようになるのではないかという点です。障がい者とは言え、罪を犯した人を支えることについては、障がい者福祉に携わる人の中でもさまざまな意見があります。しかし、罪を犯してしまう前であれば、その孤立して困っている人に手を差し伸べることに異論は少ないでしょう。

　本書では、罪に問われた障がい者に関わる人がどのように彼らの更生を支えているのかをご紹介すると同時に、今、社会的に孤立をしている人をどのように支えるかについても、さまざまな取り組みを取り上げ、ご紹介しています。

　罪に問われた障がい者の再出発を支える人と、社会的に孤立する人々を支え、社会のルールを破る前に手を差し伸べようとするすべての人に、そして今生きづらさを抱えて誰にも相談できない状態の人やその家族の新たな出発に、本書がお役に立つことができれば幸いです。

監著者　石野英司

◇　目　　次　◇

はじめに

第一部
罪に問われた障がい者の再出発のために

第二部
社会的孤立の予防

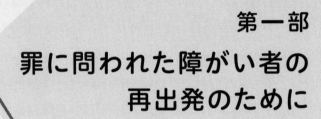

第一部

罪に問われた障がい者の
再出発のために

第1章

なぜ罪に問われた障がい者に
手を差し伸べるのか

石野英司

1. 罪を犯した障がい者

　読者の方は、罪を犯した障がい者と聞いてどんな人を想像しますか？　報道では、暴れたり、物を壊したり、人を傷つけた人が精神疾患などの障がい特性を理由に減刑や起訴されなかったケースがたびたび報じられます。罪を犯しておきながら、障がいを理由に一般の人よりも軽い処分ですむケースもあり、社会に迷惑をかけているのに甘い扱いをされている人をイメージする方もいるでしょう。障がい者福祉に関わる人の中にも、罪を犯した障がい者に対して厳しい目を向ける人もいます。「詐欺罪で警察に捕まった人」「傷害罪で刑務所に入っていた人」、そんな人を「あなたのところ（グループホームなど）で受け入れてくれませんか？」と言われた時、「話だけでも聞いてみようか」と思ってくれる人はなかなかいません。罪名を見ただけで受け入れを断られることがよくあります。

　しかし、実際にその方に会ってみると、詐欺罪といっても、障がい特性によりお金を計算するのが苦手で消費税を含めた計算ができずに無銭飲食や無賃乗車をしてしまう人、計画的にお金を使うことが苦手で持っているお金をすべて使ってしまい、おなかがすいたので食べ物を万引きしてしまう人がいます。ニュースで報道されるような障がいがあり、凶暴な犯罪をしてしまう人よりも、実は生きづらさを抱えていて、障がい特性によりルールを破ってしまう人のほうが多くいます。計算が苦手な人は、福祉とつながり、福祉サービスを活用することで、違法な行為を予防することができますし、警察につかまったり、刑務所に入ったりした人でも、支援を受けることで再出発しやすくなります。

　傷害罪についても、トラブルになった相手に大きな声を出されて追いかけられたので、びっくりして相手を強く押してしまいけがをさせたというケースがあります。万引きをして店員さんに追いかけられ逃げようとして突き飛ばした

というケースでは強盗致傷になってしまうことがあります。もちろん、万引き
や人を傷つける行為は犯罪であり、その罪は償わなければいけません。ただ、
実際に面談でお会いすると、書面上は強盗致傷や詐欺などの凶悪に見える罪名
とは違って、純粋な方であったりおとなしい方であったりすることが多くあり
ます。中には、性犯罪や放火、殺人など、障がいがあるとはいえ被害者やその
遺族を深く傷つける重い罪を犯した人もおり、支援が難しいこともあります。

　しかし、割合からすると計算ができなかったり、他人の物と自分の物の区別
ができなくて勝手に他人の所有物を持っていったりして、結果的に罪に問われ
る人のほうが多くいます。このような人は、生きづらさを抱えていることを理
解し、合理的な配慮が提供されれば十分立ち直ることができます。また、早い
段階で彼らの困りごとに気づき、手を差し伸べることができれば、罪を犯して
しまう前に社会に適応して生きられるよう、支えることが可能になります。何
度も罪を重ねて刑務所に入る人のこれまでの人生をお聞きすると、幼少期から
家庭環境が劣悪で、家庭自体が社会から孤立している人が多くいます。つらい
過去があるから犯罪をしても同情してほしいというわけではありませんが、彼
らの人生から学ぶことは多くあります。それは、社会的に孤立している人やそ
の家庭は、その人たちが感じている理不尽さの刃が自分に向かうか（自死や一
家心中）、社会や他者に向かいやすいということです。親に車上荒らしの方法
を仕込まれて盗んでこなければ殴られる日々を過ごして生きてきた子、親が罪
を犯して捕まり見知らぬ人に引き取られてぞんざいな扱いを受けてきた子、孤
立により自死をした親の姿を目撃してしまった子。誰からも手を差し伸べられ
なければ、彼らのその後の人生に影を落とし、悪循環が続いて新たな不幸を招
きやすくなります。障がい特性への周囲の無理解がここに加わればさらに生き
づらさを感じることでしょう。この点を理解しておけば、今、社会的孤立の中
にいる人に手を差し伸べ、まだ起こっていない不幸を未然に防ぐこともできる
と思います。

　本書では、罪を犯した障がい者の再出発に手を差し伸べるだけではなく、罪
に問われる行為をしてしまう前に社会的孤立を予防し、社会の中で円滑に生き
ていけるよう、支えていけるような地域づくりやネットワークづくりも視野に
入れています。

2.　刑務所にいる障がいのある人や支援が必要な高齢者

　では、刑務所にはどのくらいの障がいある人がいるのでしょうか。まず、障がい者とはどういう人なのかを整理しておきましょう。日常的に障がいのある人と関わる機会が少ない人や身近に障がいのある人がいない（と思っている）人は、「障がいのある人」と聞くと、車いすを利用している人など、身体障がいのある人をイメージするかもしれません。障がいは、身体障がいだけではなく、知的障がい（知的発達症）や精神障がい、発達障がい（神経発達症）も含まれます。制度的な意味でいうと、「身体障害者手帳」「精神障害者保健福祉手帳」「療育手帳」といった障がい者手帳を取得している人ということになります（療育手帳は自治体により名称が異なります）。障がい者手帳を持っていると、「障害者総合支援法」で定められた障がい者福祉サービスを受けられる対象となります。

　しかし、手帳の取得は制度として公的サービスを受ける上で障がい者と認められるための手続きに過ぎません。手帳を取得していないだけで、障がいを抱えながら生きている人も数多くいます。また、障がいを「本人とその人を取り巻く環境との間に生じる個人の努力だけでは乗り越えがたい困りごとや障壁がある状態」と考えると、障がい特性による生きづらさを抱えている人を幅広くとらえることができます。

　障がいは、生まれつきの障がいだけではありません。病気や事故で後天的に生じる場合があります。障がいの中には一時的に障がいが生じてしまうケースもあります。例えば、交通事故にあって足を骨折して歩行が困難になり、階段を上ることが難しくなれば、その人は階段のある状況では個人の努力では解消しづらい障壁が生じていることになります。この人は、階段がある場所の移動などでは解決しがたい困難が生じますが、松葉づえや車いす、人の手助けがあればその障壁がなく、生活を営むことができます。足を負傷していても治療の見込みがあれば、また元通りの生活ができます。この場合、一時的に障がいのある状態になっているといえます。加齢により要支援や要介護状態になった人も、個人の努力だけでは解決しづらい困難を抱えている状態とみることもできます。このような困難や困りごとを抱えている状態の人であっても、誰かの手助けがあり、その人が暮らしやすい環境の調整を行えば、困難を解消すること

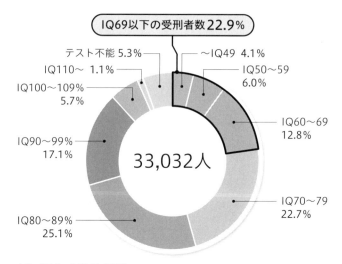

出所　「平成18年矯正年報統計」。

■高齢者（65歳以上）受刑者数の推移

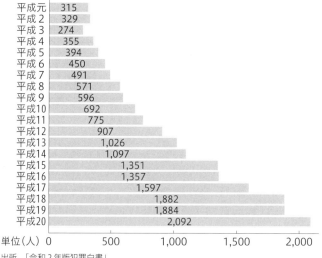

平成元	315
平成2	329
平成3	274
平成4	355
平成5	394
平成6	450
平成7	491
平成8	571
平成9	596
平成10	692
平成11	775
平成12	907
平成13	1,026
平成14	1,097
平成15	1,351
平成16	1,357
平成17	1,597
平成18	1,882
平成19	1,884
平成20	2,092

単位（人）0　　　　　500　　　　1,000　　　　1,500　　　　2,000

出所　「令和2年版犯罪白書」。

が可能になります。

　刑務所にいる障がいのある人や高齢者の話に戻すと、刑務所には IQ69 以下の知的障がいがある人が2割強いるとされます（「平成18年矯正年報統計」では総数3万3,032人のうち22.9%と報告されています）。65歳以上の高齢者は令和

元年の受刑者の総数の12.9％とされており年々増加の傾向にあります（「令和２年版犯罪白書」）。精神障がいや発達障がいを含めるともっと多くの障がいを抱えた人が刑務所に入っていると考えられます（他の障がいを含めると４割程度が何らかの障がいを抱えているともいわれます）。

　ただ、上記の数字は障がいがあり刑務所まで行った人の話です。初犯であったり、汲むべき事情があったりすることで起訴猶予になった人、裁判まではいっても執行猶予がついて刑務所に行かなかった人の数は、罪に問われて刑務所に入った障がいのある人よりもさらに多くいるものと考えられます

 ## 3.　なぜ何度も罪を繰り返してしまうのか

　罪を犯してしまう障がいのある人のことを、累犯障がい者と呼ぶことがあります。そして、累犯障がい者の再犯率は高いと言われています。では、なぜ、この人たちは罪を繰り返し、何度も刑務所に戻ってくるのでしょうか？　累犯障がい者が罪を繰り返してしまう背景には、刑務所の外での生きづらさがあります。家族にも見放されて身寄りがないといった理由で、社会的に孤立している人たちは刑務所などの矯正施設を出所後（少年院の場合は出院後）、どう生きていいか戸惑うことが多々あります。特に、障がいがあり、生きづらさを抱えている刑余者（刑罰を受けたことのある人）が誰にも頼ることなく社会に出て一人で生きていくことは至難の業です。

　罪を繰り返してしまうもう一つの理由として、ある種の障がいのある人にとって刑務所という場所が、実は刑務所の外の社会よりも居心地がよく、生きやすい場所であるという点もあります。日頃、刑務所と縁が遠い人には信じがたい話かもしれません。少し想像してみてください。障がいのある人の中には、知的障がいや発達障がいなど、何らかの障がい特性によって、見通しを立てることや、その日、その週にすることを計画的に考えることが苦手な人がいます。このような人たちにとって、いつ、どこで、何をしなければいけないか、行動の指示を細かく出してくれる刑務所という環境は外の社会よりも過ごしやすい場所なのです。食事も出ますし、寝る場所もあります。病気になれば治療も受けられます。高齢者であれば、介護も受けられます。これらの費用には税金が使われます。刑務所から出て社会で生活しなければいけなくなると、まず、寝

るところと、食べ物を探さなければなりません。寝るところを確保し、食べ物を買うためにはお金も必要になります。お金がないので川岸や路上で生活する人もいますが、冬場であれば寒くて凍死する危険性があります。屋外で生活していると虫に刺されますしお風呂にも入れません。公園のベンチをずっと占領して生活していると、それを不快に思う人から暴言や暴力を受けることもあります。人と話す機会も少なく、さみしい気持ちにもなります。そのような過酷な状況に比べれば、刑務所は彼らにとってはるかに快適な場所です。刑務所にいた頃に貯めたわずかなお金も尽きてしまい、頼れる人も住む場所もなく、お金を稼ぐ方法もわからなければ、また刑務所に戻ろうと思ってしまうのでしょう。コンビニエンスストアで店員さんにわざと見つかるようにおにぎりを一つ盗むだけで捕まることができ、また刑務所に戻れるのです。そうすればまた食事と寝るところにありつけます。これは決してほめられたことではありませんが、刑務所以外の暮らしの経験が乏しく、社会的に孤立していて刑務所の外で生きるすべがわからない人たちにとって、生きるための精一杯の行動なのでしょう。

　生きるために罪を重ねて刑務所に舞い戻り、刑期を終えると社会に出て、誰にも手を差し伸べられず生きづらさに直面し、そしてまた刑務所に戻る。ある種の累犯障がい者が罪を何度も犯してしまう背景にこの悪循環があるのです。言い換えれば、刑務所が社会の最後のセーフティネットとなっているということです。彼らのような人々の人生と縁遠い人の中には、「悪いことをしたら刑務所に入って罰を受けるのは当然であり、刑務所でつらい思いをするのはやむを得ない」と考える人もいるでしょうが、彼らにとって刑務所は刑務所の外の社会より快適な場所であったとしたらどうでしょうか？　厳しいことを言われたとしても、刑務所内の人間関係で困ることがあったとしても、食べ物や寝る場所が確保して生き延びようとする人にとってはそのようなことは些細なことであり、たいした問題ではないようです。自分の犯した罪としっかり向き合ってくれればいいのですが、反省することもなく刑務所で生活し、刑期を終えて外に出たら、生きるために刑務所に戻ろうとしてまた罪を犯す。場合によっては、刑務所に戻りたいという動機で人を傷つけることもあります。これは、本人にとっても社会にとっても好ましいことではないでしょう。

　累犯障がい者と呼ばれる人が罪を繰り返してしまう理由はこれだけではありません。悪意をもった人物に何度も利用されて罪を重ねてしまうこともあります。特殊詐欺などの犯罪の一員として利用されてしまうというケースです。判

断力が弱く、人の言うことを疑わずに信じてしまう人の純粋さに付け込まれ、いい仕事があると騙されてしまうことがあります。そして、末端の構成員として使われ、犯罪が露見した時には利用された障がいのある人だけが罪を押しつけられて捕まり、首謀者や主要メンバーは逃げおおせます。捕まった本人は、罪の意識もなく言われたことを指示通りやっただけなのですが、取り調べでうまく状況や経緯を説明できず、素直なので本人に不利なことばかり自白してしまいます。場合によっては違法な店の名ばかり店長を薄給で任されるなど、捕まったその人が首謀者であるように偽装されていることもあります。違法行為をしたので罪に問われるのは仕方がないことですが、実際にやった行為に対してはるかに重い罪に問われてしまうことがあります。罪を償って社会に戻った後も、騙されたことに気づいていないため、また違法な仕事のあっせんをした悪意のある人物を頼り、繰り返し犯罪行為の片棒を担がされて、何度も罪を重ねてしまうというケースがあります。このような例でも、誰かが気づいて手を差し伸べることができれば、罪の意識を持たずに違法行為をしてしまう状況から救い出すことが可能となるでしょう。

4.　なぜ罪に問われた障がい者を支援する必要があるのか

　しかしながら、仮に、「社会から孤立してずっと生きづらさを抱えて生きてきた人」や「障がい特性により罪の意識を持たずに違法行為をしてしまった人」であったとしても、罪は罪です。家に運転免許証を忘れてしまい免許証不携帯で車を運転したケースのような形式犯では法に触れる行為ではあるものの被害者はいません。一方、窃盗や傷害事件では被害者がいます。生きづらさを抱えていたとか障がいがあるからというのは、理不尽な被害を受けた被害者にとって全く関係のないことです。特に、傷害事件で加害行為により相手に一生残る後遺症を与えたケースや、性犯罪や殺人のような深刻な事件では、刑務所に入って法律上の罪を償ったとしても、それだけで被害者や遺族の傷が癒えるわけではありません。被害者が負った被害の回復につながる行動や弁償をすること、そして、反省し同じ過ちを繰り返さないようにすることが求められます。被害が深刻な事件で被害者の処罰感情が強いケースを視野に入れると、「障がい者だからといって、なぜ悪いことをした人の支援をしなければいけないの

か」と疑問を持つ人がいるのも当然のことでしょう。障がい者福祉に関わる人の中からもこのような意見を聞くことがあります。

　ここで、「罪は罪であり、法律上も道義的にも罪を償わなければいけない」という話と、「過ちを繰り返さないようにする」という話を分けて考えましょう。

　ふだん、刑務所と縁遠い生活をしている人にとっては、刑務所に入る人と聞くと、殺人や放火、強姦のような重大な罪を犯した人物像を思い描きやすいでしょう。深刻で重大な犯罪ほど報道されやすく、無銭飲食やコンビニエンスストアでの万引きはほとんど報道されることがありませんので、罪を犯す人は粗暴で凶悪な人という印象を持ちやすいかと思います。「令和4年版犯罪白書」によると、令和3（2021）年の罪名別の検挙件数で殺人が883件、強盗が1,130件、放火が664件、強制性交が1,330件であるのに対し、窃盗は16万1,016件とはるかに大きな数字を示しています。罪名で見ると、高齢者、障がい者ともに、一番多いのは窃盗、その次に多いのが詐欺です。窃盗といってもおなかがすいたから目の前の食べ物を万引きして食べたというケース、詐欺といっても無銭飲食をしたというケースが多く含まれます。

　当然のことながら、無銭飲食や万引きも犯罪です。罪は償わなければいけません。被害を受けたお店への被害の回復も必要です。一方で、罪を犯す人の中には消費税の計算が苦手なので結果的に無銭飲食になってしまう人や、見通しを立てるのが苦手なため持っているお金をすぐに使い果たしてしまい、おなかがすいたので無銭飲食や食べ物を万引きしてしまう人がいます。このような人たちは、金銭管理などの支援の手が差し伸べられれば、罪を犯さなくてすみます。明らかに何らかの障がい特性があると思われる人の中には、身寄りがなく、社会的にも孤立しているため、支援の必要性に気づかれず、法律、マナーなどを学び社会性を身につける機会に恵まれずに育ち、罪の意識がなくルール違反をする人もいます。福祉とつながることで、社会的な規範から逸脱する行動を減らすことも可能となります。

　「過ちを繰り返さない」「被害者を出さない」という視点に立てば、罪に問われる前に彼らに手を差し伸べることができれば被害者になる人も加害者になる人も減らすことができるのではないでしょうか。居心地のいい刑務所に戻るために罪を犯すという行動は、本人にとっても社会にとっても不幸なことです。この悪循環を断ち切るには、過去に罪を犯した障がいのある人や、まだ罪を犯していなくても、孤立していて社会性が乏しく、違法行為をしてしまう可能性

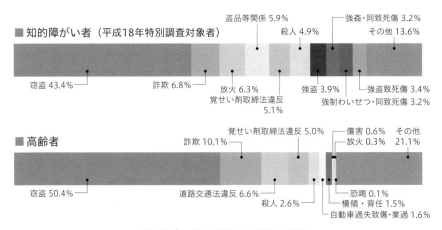

知的障がい者、高齢者の罪名の割合

出所　「平成20年版犯罪白書」「刑事施設、少年院における知的障害者の実態調査について平成18年法務省特別調査」。

が高い人に、早期の段階で手を差し伸べることが重要だと思います。それが、社会の中から被害者も加害者も減らすことにつながると考えます。

　障がいの有無にかかわらず、罪を犯してしまった再犯を予防するにはいくつかのポイントがあります。それは、①住むところ、②役割、成人であれば仕事、少年であれば将来の夢に向けた訓練や勉学など（「社会の中で役割を持つこと、社会の中で自分が誰かの役に立っている、役に立つかもしれないという意識」と言い換えることもできるでしょう）、③その人が信頼できる人、自分を信じてくれる人、です。

　ただ、罪を犯した障がいのある人、それも何度も罪を繰り返してしまう人の場合、身寄りがなかったり、家族から絶縁されていたりすることがあります。本来、困っている人の受け皿となる福祉の世界でも逮捕歴がある障がい者や刑務所に入っていた障がい者と聞くと、粗暴で凶悪な人だと思われて受け入れを断られることがあります。受け皿がなく孤立してしまうと、行き場を失い、また犯罪に手を染めてしまうという悪循環に陥りやすくなります。

　罪に問われた障がいのある人が社会的に孤立する傾向は統計の結果にも見て取れます。法務省の「刑事施設、少年院における知的障害者の実態調査について 平成18年法務省特別調査」と「平成21年版犯罪白書」によると、全体の仮出所率が52.6％であるのに対し、特別調査対象者である知的障がいのある人の仮出所率は20％、高齢者は29.5％となっています。仮出所（仮釈放）とは、

■ 知的障がい者（平成18年特別調査対象者）

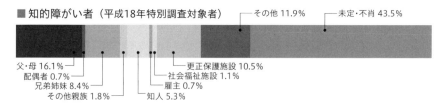

父・母 16.1%
配偶者 0.7%
兄弟姉妹 8.4%
その他親族 1.8%
知人 5.3%
社会福祉施設 1.1%
雇主 0.7%
更正保護施設 10.5%
その他 11.9%
未定・不肖 43.5%

■ 高齢者

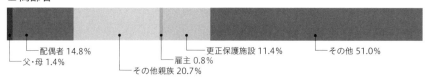

父・母 1.4%
配偶者 14.8%
その他親族 20.7%
雇主 0.8%
更正保護施設 11.4%
その他 51.0%

知的障がい者、高齢者の満期出所後の帰住先

出所 「平成21年版犯罪白書」。

　刑期が残っていても条件を満たせば仮に刑務所の外に出て社会の外で更生させることで、刑務所内での十分な反省や更生が認められた受刑者が対象になります。仮出所には、刑務所の外に出た後の生活や行動を監督してくれる身元引受人が必要です。仮出所の割合の低さは身柄を引き受けてくれる人が少ないことを示唆しています。仮出所が認められなければ、満期出所（刑期が終わるまで刑務所の中で過ごしてから外の社会に出ること）となります。上のグラフは、満期出所後の帰住先（住むところ）です。未定や不詳、その他が多く、家族や親族とともに暮らす人は少ない傾向にあります。データから社会的に孤立する傾向はうかがわれ、出所後の支援の薄さが見て取れます。

コラム1
本書での用語の表記について

堀 清和

　すでにここまでの文章を読んだ方の中には「罪に問われた障がいのある人」という表記を奇異に思われた方もいると思います。まず、「障がい」という表記からご説明いたします。「障害」という漢字での表記は、害のある存在という意味が読み取れるので不適切であるという考え方があります。そのため、害の字をひらがなにした「障がい」「しょうがい」や害の字を別の字に変えた「障碍」という表記が使われることがあります。各自治体では障がいのある人やその家族への配慮として「障がい」という表記が用いられることが多くなっています。一方で、「障害」は個人の属性の話ではなく、その人を取り巻く環境（段差の有無といった物理的な環境だ

けではなく家庭環境などの人間関係も含む）とその人本人との間に生じる、個人の努力だけでは乗り越えがたい障壁そのものを指しており、害という表記にとらわれること自体、環境の要因を軽視し「障害」を個人の因子でしかとらえていないものの見方だという考え方もあります。人と環境の間に生じる継続的、または一時的な不調和そのものを、差し障りがあり、害を生じさせている「状態」ととらえれば、「障害」と表記しても、個人を「害となる存在」と見ているわけではないということになります。このようなとらえ方から、近年、社会福祉や教育、医学といった専門の研究分野では、「障害」と表記することが多くなっています。ただ、本書の読者は生きづらさを抱える本人やそのご家族が手に取る可能性も想定されますので、無用な誤解を避けるために、基本的に「障がい」という表記を用いています。

　ただし、「障害者総合支援法」「発達障害者支援法」「重度障害者等包括支援」などの法律名や制度の名前、引用する法令の文章、書籍名や論文の表題、そのほか固有名詞で「障害」の表記がされている場合は、正式名称で表記しています。また、本書では多くの執筆者に執筆していただいているので、「害」の字を入れた表記をしたとしてもそれはその人を差別的にとらえているわけではないので「障害」の表記を用いるべきであると考える執筆者の文章については、その考えを尊重しています。

　次に、知的障がいや発達障がい、学習障がい（LD: Learning Disorder/Learning Disabilities）という用語ですが、近年、専門の研究領域では、「知的発達症」「神経発達症」「学びの相違／違い（LD: Learning Differences）、発達性学習症」と表現する傾向にあります。この表記についても、更生支援に携わる人や支援者が本書で新しい表現の用語を見た時、例えば、知的発達症という用語を見た時に、知的障がいの話をしているとイメージしにくいと思われますので、一般的に浸透している古い表現を用いています。自閉症スペクトラムと自閉スペクトラム症については本書では文脈により両方の用語を用いています。自閉症スペクトラムは古い「自閉症」の診断基準が指す典型的な症状だけではなく、グレーゾーンを含むさまざまな症状をスペクトラム（連続体）としてとらえる考え方で、ニュアンスとしては個人の診断名というよりは群として幅広く言及する場合に用いられることが多くあります。他方、自閉スペクトラム症という用語は、どちらかというと診断名や個人の症状に言及する際に使われる傾向があり、医学や心理学の領域で多く用いられます。どちらが正しいということではなく、それぞれ、若干の意味合いの違いがある表現と考えていただければわかりやすいでしょう。

　「罪に問われた」という表現についてですが、更生支援に携わる人にとっては、「罪に問われた障がいのある人」という表現より、触法障がい者、累犯障がい者という表現のほうがなじみ深いでしょう。触法障がい者や累犯障がい者という表現が

差別的であるというわけではないのですが、「法律に触れた」という点に焦点を当てたとらえ方であるともいえます。その人自身の抱える課題を見ようとした時、結果的に法律に触れる行為をするという課題が生じているのですが、背景に「計算が苦手」「見通しを立てることが難しい」などの特性があり、その部分に支援の手が行き届いていれば法律に触れる行為をしなくても暮らしていける場合があります。特に、罪の意識がなく、違法性を全く認識せずにルール違反をしてしまう人の場合、合理的配慮があれば問題なく社会の中で生きていけることが多くあります。「触法障がい者」という用語は、「法律に触れる行為をしてしまう障がいがある粗暴な人」という印象を持たれやすく、このようにとらえられると、「計算が苦手なので結果的に無銭飲食で捕まった人」などの実際のケースの実像とずれてしまいます。

　また、何らかの罪で逮捕された人の中には、人との会話が苦手で、やってもいないことを自白してしまう人がいます。例えば、どんな質問にも「はい」と答えてしまう人がいます。このような特性がある人は、何らかの誤解で容疑をかけられ「君がやったのか？」と問われると「はい」と答えるので、容疑を認めたと判断されて捕まってしまいます。この人の場合、実際には法に触れる行為をしていないので、「触法障がい者」と呼ぶことには問題があります。容疑者段階や逮捕後の取り調べの際に、障がい特性を理解してもらい、合理的配慮を提供されながら聴取を受けることはあまりありません。そのため、やってもいないことを自白してしまうケースや、違法行為をしたのは事実ですが、そこまでひどいことはしていないケースが起こり得ます。後者について具体例を挙げると、「歩くのに疲れたから自転車を盗んだ」ところまでは事実ですが、盗んだのは今回が初めてで何度も盗んだわけではないのに、会話が苦手なためうまく伝えられず、窃盗の常習犯と誤解されるといったケースです。その人の特性を理解している支援者が早く駆けつけることができれば、誤解が解けることもありますが、それが難しい状況ではやっていないことを認めてしまい自白したとみなされてしまうことがあります。

　被害者も加害者も出さないという視点に立つと、やってもいない罪を認めてしまう人も含めて支援の手を差し伸べることが重要となります。「罪に問われた」と表現することで、「罪に問われた事実はあるものの実際は罪を犯していない人」も幅広くとらえることができます。このような考えから、本書ではあまり一般的ではない「罪に問われた障がいのある人」という表現を用いています。本書の中でも、触法障がい者、累犯障がい者、罪を犯した障がい者という表現を用いることがありますが、その場合は、実際に罪を犯した事実がある人、矯正施設に何度も入った事実がある人という限定した意味で用いており、「罪に問われた障がいのある人」と表現する時は、冤罪の人も含めた幅広い意味で使用しています。

小川多雅之

第2章

触法障がい者の概観

1. 「障がい」という言葉についての共有

　最初に「障がい（障害）」という言葉の意味合いについて共有したいと思います。「障がい（障害）」はどこにあると思いますか？　身体の一部が思うように動かない人や、知的能力が年齢平均よりも著しく低い人にあると考える人もいるかも知れません。

　実のところ「障がい（障害）」は、常に個人と社会との間にあります。例えば、足の悪い人が外出して、乗り越えられない段差があれば、それが「障がい（障害）」です漢字の読めない人がふりがなの無い路線図を前に立ち止まってしまったら、それが「障がい（障害）」です。

　前者の場合で言うと、その「障がい（障害）」は本人の努力ではどうにもならないことも多いですが、段差を削ってバリアフリー化したり、誰か介助者が身体を支えれば、段差を乗り越えられるようになります。つまり、「障がい（障害）」は社会の努力によって小さくすることができます。

　社会というのはその社会を構成する人々の平均に合わせて作られます。ガリバー旅行記を思い浮かべてください。主人公のガリバーが行く巨人の国では、そこに住む人たちに合わせて街ができています。建物や家具などすべて巨人サイズで、ガリバーがそこで暮らすには、たくさんの「障がい（障害）」があるはずです。

　「障がい者」は「その社会において障がい（障害）を感じている者」だということです。「障害」は社会との関係において生じる相対的なものであり、社会の課題であると言えます。

2. 「触法障がい者」「累犯障がい者」という言葉について

「触法障がい者」という言葉があります。法に触れた、つまり、違法行為を行った障がい者という意味です。また、似た言葉に「累犯障がい者」という言葉があります。犯罪を繰り返してしまう障がい者という意味です。山本譲司さんは、刑務所での体験を『獄窓記』（ポプラ社、2003年）という書籍にして、犯罪を繰り返してしまう障がい者や高齢者の問題にスポットライトを当てました。そして山本譲司さんが書いた2作目の書籍のタイトルが『累犯障害者』（新潮社、2006年）で、犯罪を繰り返してしまう障がい者の事例を複数取材してまとめたものです。「触法障がい者」も「累犯障がい者」も一般に辞書に載っている言葉ではありません。

「LGBTQ」や「ひきこもり」等と同様に、ある属性を持った人たちに名前をつけることで、存在を可視化し、社会の課題として取り扱うには便利ではありますが、言葉によって切り取ることで、個々の多様性が埋もれて画一的にとらえられたり、差別性が生まれることがあるので使い方に注意が必要です。

例えば、過去に罪を犯した人が利用している福祉事業所の職員が「うちには触法障がい者の方がいますよ」と対外的に言うような場合、その人はいつまで「触法障がい者」として扱われなければならないのかという問題があります。「触法障がい者」という言葉は、刑事司法手続きの最中にある人にも刑務所で服役している人にも、出所して法的責任を果たした人にも区別なく使われている実態があります。いつまでも「触法障がい者」と呼ぶことは不必要な区別であり、差別であると言えます。

ただし、これには刑務所を出たあとも違法行為の原因となった課題を解決しておらず、再犯をしてしまうリスクが高い人もいるために線引きが難しい場合もあると思われます。具体例を挙げると、覚醒剤の使用により服役していた知的発達症（知的障がい）の人が、釈放された後も覚醒剤を使いたい気持ちを持っていながら、お金が無くて買えないだけの状態にある時、その人を「触法障がい者」と称することの違和感は少なくなります。

いずれにせよ、この呼称を個人に対して使用してレッテルを貼ってしまわないように注意が必要です。

3. 刑務所に支援の必要な人がいる

　刑務所に支援の必要な人がいるということが世間に認知されたのは、先に触れた山本譲司さんの2003年の著書『獄窓記』が大きなきっかけです。

　山本譲司さんは、以前は民主党の議員でしたが、政治資金規正法違反の疑いで起訴され、懲役1年6月の実刑判決を受けたことで除名処分を受けました。刑務所では刑務作業として介助の必要な受刑者の世話をすることになりました。本来なら福祉の支援を受けているような知的障がい者や神経発達症（発達障がい）者、精神障がい者、認知証の高齢者がたくさん服役していて、出所しても行き場が無いという不安を抱えているということを知り、驚いたそうです。山本さんは刑務所での体験や見聞きしたことを『獄窓記』に著し、発表しました。それはある種の告発となり、社会に衝撃を与えました。とりわけ、福祉分野では福祉がちゃんと機能していないために起きている事態ではないかと反省とともに受け止められました。

　2006年から3年間かけて厚生労働科学研究「罪を犯した障がい者の地域生活支援に関する研究」が実施されました。その結果、家族や福祉による支えが不十分で軽微な犯罪を繰り返している人が多くいることや、現状の更生保護制度だけで彼らを社会的に自立させることが困難なことが指摘されました。また、矯正施設から釈放後に福祉サービスへつなげる体制づくりが必要だという提言もなされました。これによって、司法と福祉の双方にとって共通の課題であることが明確となり、法務省と厚労省が連携してその体制づくりが行われました。

　2007年から社会福祉士や精神保健福祉士が矯正施設に配置され始めました。

　2009年には福祉サイドの調整機関として地域生活定着支援センター（後述）が全国に設置され始め、司法サイドでは保護観察所に調整担当官が配置され始めました。

　その他、指定更生保護施設（釈放後、自立が困難な保護観察対象者や更生緊急保護対象者に一定期間、宿泊できる部屋、食事、就職のサポートなどを行う施設）へ社会福祉士が配置され、司法分野に福祉職の目が入るようになりました。

　その後も少しずつ罪を犯した障がい者、高齢者のサポートは広がりを見せています。

4. 刑務所にはどれくらい障がい者がいるのか

1）障がいのある受刑者

　では、実際にどれくらいの障がい者が刑務所にいるのか。これを把握するために2022年の矯正統計を参照します。ちなみに、矯正統計は e-Stat という政府統計ポータルサイトで公開されており、誰でもアクセスして閲覧することができます。

　最初に2022年に刑務所に入所した受刑者の能力検査値のデータ「36 新受刑者の罪名別　能力検査値」を参照します。能力検査値というのはいわゆる IQ のようなものですが、刑務所では主に CAPAS というテストが使用されます。CAPAS は刑務作業を受刑者に割り当てるために適性を調べるためのもので、一般に使用される WISC‑Ⅴ や WAIS‑Ⅴ ほど精度は高くないとされ、測定結果は IQ 相当値と呼ばれます。

　2022年の新入受刑者は1万4,460人で、内訳は IQ120以上は24人（0.16％）、IQ119〜110は175人（1.21％）、IQ109〜100は1,144人（7.91％）、IQ99〜90は2,997人（20.72％）、IQ89〜80は3,875人（26.79％）、IQ79〜70は3,214人（22.22％）、IQ69〜60は1,575人（10.89％）、IQ59〜50は（5.53％）、IQ49未満は421人（2.91％）、テスト不能は232人（1.60％）です。

　一般的に知的障がいの領域とされる IQ70未満の人を合計すると2,799人となり、割合は19.35％で全体の約2割におよびます。また、知能指数の中央値は100前後と言われますが、100以上の人は1,343人（9.28％）です。この中には加齢によって認知機能が低下した高齢者や、コンディションやモチベーションが低い状態でテストを受けた事により、本来の能力値より低い数値になった人も含まれますが、その点を考慮しても総じて数値の低い印象を受けます。

　次に同年の矯正統計の「37 新受刑者の罪名及び入所度数別　精神診断」を参照します。この統計では「精神障がい」というカテゴリーを「知的障がい」「人格障がい」「神経症性障がい」「その他の精神障がい」の四つの項目にわけています。2022年の新入受刑者1万4,460人の内、「精神障がいなし」は1万2,014人（83.08％）、「知的障がい」は313人（2.16％）、「人格障がい」は103人（0.71％）、「神経症性障がい」は314人（2.17％）、「その他の精神障

害」1,705人（11.79%）、「不詳」は11人（0.07%）となっています。

　この二つの統計は随分印象が違って見えます。前者は IQ 相当値70未満が2,799人（19.35%）で、後者で「知的障がい」有りと認められているのは313人（2.16%）。IQ 相当値で知的障がいを測るのが乱暴であることを踏まえたとしても、約9倍の差は大きすぎるように見えます。

　このことから社会生活を送るのに困難さのある知的能力であっても、診断を受けたり、手帳を取得していない人が相当数いるのではないかということ。裏を返せば、必要なサポートを得られていないがために社会で生きづらさを抱えていたのではないかということがうかがえます。

　ここからさらに想像できるのは、障がい者としての認定を受けていなかったことで、刑事手続の取り調べや弁護士の接見などにおいて、本人の知的能力に見合った配慮がなされて来なかったのではないかということです。取り調べは言語コミュニケーションによって主に行われますが、取調官の意図を理解できないまま迎合的に返事をしてしまったり、主張したいことがあってもうまく言語化できなかったがために、実際にはしていないことまでやったことになったり、犯行動機を実際よりも悪意的に解釈されたりと誤解や冤罪が生じやすい状況にあったと思われます。

２）知的障がい者の罪名内訳

　刑務所で知的障がいと認定された人がどのような罪名で服役しているかを先ほどの「37　新受刑者の罪名及び入所度数別　精神診断」を参照して見ていきます。

　服役する理由となった事件で多いのは① 窃盗罪、② 詐欺罪、③ 傷害罪です。これらは刑事事件の中でも比較的軽微で事件内容も単純なものが多いです。窃盗には万引きが含まれますし、詐欺には無銭飲食や無賃乗車が含まれます。

　新入受刑者総数の1万4,460人の内、窃盗罪で服役したのは5,259人（36.36%）で、詐欺罪は1,343人（9.28%）、傷害罪は446人（3.08%）です。

　新入受刑者で知的障がいと認定されたのは313人で、その内、窃盗罪は180人（57.50%）、詐欺罪は20人（6.38%）、傷害罪は9人（2.87%）です。

　知的障がいと認定された人の窃盗の割合が非常に高いことがわかります。実際に筆者が過去に関わった人の中には、元々の収入が低かったり、生活費の計算が苦手でお金が足りなくなったり、窮地を凌ぐ方法が窃盗しか思いつかな

かったために窃盗をしたという人が多くいました。

３）生きづらさと犯罪

　知的障がい＝犯罪につながり得る生きづらさ、というわけではありません。障がいのみならず、育った環境や文化、積んだ経験、出会った人、精神疾患、依存など生きづらさを形成する要因は複合的です。特に生い立ちは重要で筆者が出会い支援してきた人のほとんどが幼少期のつまずきや傷つきが成人後まで影響しているようでした。被虐待経験や、親と本人の特性の不協和などにより愛着形成がうまく行かないと、自己肯定感が低く、他者との安定的な関係を築くのも困難になります。家庭や友人関係にうまく居場所を見出せない人が、不良グループに居場所を見出したり、弱い立場につけこまれて犯罪に利用されることもあります。

　また、犯罪に発展しやすい疾患に依存症があります。これは他の重要なこと（仕事や健康、人間関係など）を犠牲にしてでも、特定の物質（アルコールや薬物など）の摂取や特定の行動（ギャンブルや過食など）を優先してしまう病気です。この依存症には「自己治療仮説」という考え方があります。これは、人が物質や行動に依存するのは、性格や根性の問題ではなく、たまたま出会った物質や行動によってつらい気持ちや困難な状況が和らいだ経験をしたために、それを繰り返し、次第にその物質や行動に依存していくのだという仮説です。つまり、最初につらい気持ちや苦しさがあり、二次障がい的に依存症があるということです。

　依存症に限らず、生きづらさを抱えた人の犯罪行為にはこれと似たようなものを感じます。苦しさや満たされなさ、困窮状態を自分なりに解決するために犯罪に至っており、生い立ちと地続きになっています。「自己治療仮説」にちなんで「自己解決仮説」と言っても良いかも知れません。

　これは裏を返せば、犯罪だけでなく生きづらさに目を向け、生きづらさの緩和を図ることで、再犯に至るリスクを下げることができ得るということです。そして、生きづらさを緩和して、より良く生きられるように働きかけるのは本来の福祉の役割だとも言えます。このように犯罪行為や問題行動は生きづらさの表れかも知れないととらえることで関わり方のヒントが見つかることがあります。

４）福祉的支援は再犯の防止に影響するか

　やや古いデータではありますが、福祉的支援と再犯リスクについて参考になる調査結果があります。法務総合研究所による、2014年 2 月 1 日から同年 3 月14日までの間に刑事施設から出所した障がいのある受刑者について、2015年 5 月末までに刑事施設に再入所したかどうかを調査した「障害のある受刑者の支援の状況や再犯の実態等について」という報告では、特別調整（矯正施設、保護観察所、地域生活定着支援センターが連携して福祉的支援を行う仕組みのこと。第 3 章で詳述します）の対象者は「再犯なし」が 9 割程度である一方、特別調整辞退者の 4 割近くが刑事施設に再入所していました。

　この調査結果は福祉的支援によって再犯率が減ることを示唆していると言えるでしょう。

　ただ、過去に触法行為行った人を支援していると勘違いしやすいのですが、福祉的支援はあくまでより良く生きられることを目的とするものであり、再犯防止そのものが支援目的になってしまわないように注意が必要です。

５）居場所、出番、人とのつながり

　触法行為を行った人が地域で安心安全に過ごし続けられるように福祉的支援を行うにあたって、三つの要点を挙げたいと思います。

　一つは居場所です。これは単なる住まいではなく、安心感や快適さがあり、ここが自分の場所なんだと思えることが重要です。刑務所に対して「自由はないが不自由もない」と思えるくらいに馴染んでしまった人は、刑務所の外の社会で生きていくほうが困難で「自由はあるが不自由」な状態に陥りがちです。特にお金の問題は大きく、生活保護や障がい年金の手続きによる経済的保障と、限られたお金の範囲でうまく暮らすための金銭管理支援が必要な場合も多いです。また、家事や光熱水費の支払い、行政手続きや契約なども、居心地の良い生活には必須なので、うまくできない人にはサポートが必要です。

　次に仕事や日中活動だけにとどまらない、何らかの社会的な役割です。これが何故大切かというと、これは自己肯定感や自尊感情の向上につながるからです。人間は社会的動物であり、社会の中でそれぞれが役割を持ち支えあって生きています。住まいも衣服も食料も、自分一人だけの力で手に入れるのはほとんど不可能です。缶コーヒーの CM のキャッチコピー「世界は誰かの仕事でできている」は本当のことなのです。刑務所は社会から必要とされるどころか、

社会から隔離するための場所です。まるで自分が社会のお荷物で、自分はいないほうが良いんじゃないかと思わされかねず、自己肯定感や自尊感情は低下します。すると、自分のことを大事にできなくなり、他者も大事にすることが困難になってしまいます。

　最後が人との繋がりです。社会での役割は自己肯定感や自尊感情を涵養しますが、自分と同等以上の誰かがいれば、交換可能となります。常に自分が必要ではなくなるリスクも抱えます。しかし、家族や友人、同僚などから、愛情や親しみによって必要とされる場合は「あなたでないといけない」交換不可能な固有のものであると感じられるようになるのです。また、孤独にはさまざまなリスクが伴います。何らかの困り事や不調があったり、不正行為に手を染めかけても、気づいて助けてもらえず、事態を悪化させてしまいます。

　これらの要素は人を社会につなぎ止める強力なブレーキになります。たとえ、犯罪の誘惑に駆られても、これらを失いたくないという、思いとどまる力が働きます。天秤をイメージしてみてください。左側には犯罪によって得られるものを乗せます。右側には犯罪によって失う（かも知れない）ものを乗せます。理性が働いている限り、右側が重たければ犯罪をするという選択肢は取らなくなります。

　ただ、注意が必要なのは、人は常に理性的でいられないこと、犯罪が成功する（バレない）かも知れないということ、分かっていてもせざるを得ない状況に追い込まれてしまう可能性があるということです。

第3章

地域生活定着支援センター について

小川多雅之

1. 地域生活定着支援センターとは

　罪を犯した（または罪に問われた）障がい者や高齢者が、地域で罪を繰り返すことなく安心・安全に生活を続けられるように、矯正施設に勾留されている時から福祉的な支援を行う事業所で、各都道府県に設置されています。

　地域生活定着支援センターは、保護観察所、矯正施設、留置施設、検察庁および弁護士会といった刑事司法関係機関、地域の福祉関係機関等と連携・協働しつつ、刑事上の手続または保護処分による身体の拘束中から釈放後まで一貫した支援を実施することにより、その社会復帰および地域生活への定着を支援しています。

役割や主な業務
以下の順番は状況に応じて前後することがあります。

　主要な業務に「コーディネート業務」があります。これは矯正施設に収容中で一定条件を満たした障がい者や高齢者の中から選ばれた対象者（特別調整対象者）を、保護観察所からの依頼を受けて、地域で円滑に生活できるように住まいを探したり、福祉サービスの利用条件を整えたりして、支援体制構築する業務です。

① 対象者面談
　対象者に役割の説明を行い、支援することの了解を得ます。これまでどんな生活を送ってきたのか、なぜ罪を犯すことになってしまったのか、今後どんな生活を送りたいか等を聞き取ります。面談は通常、複数回行います。

② 情報収集

　対象者の理解を深めるために、家族やこれまで関わりのあった福祉関係者や行政関係者等から必要に応じて情報収集を行います。

③ アセスメント

　①、②を踏まえて、どのような状況が再犯リスクを高めるのか、どのような支援を行うべきか、どのような手続きが必要かなどを検討します。また、検討した内容を対象者に説明します。センターが必要と考える支援と対象者の望む支援にはズレが生じることも多く、よく話し合い合意を得たうえで支援方針を決定します。

④ 調整

　必要な行政手続きを行ったり、釈放後にスムーズに手続きができるように行政機関に事前説明を行ったりします。また、今後関わってもらいたい事業所へ支援の依頼をし、必要に応じて矯正施設で直接対象者と面談をしてもらいます。

⑤ 釈放

　釈放時は対象者を迎えに行き、役所の手続きや、買い物をしたり、一緒に昼食をとったりした上で、受け入れ先事業所に送ります。

⑥ フォローアップ

　地域生活後は地域の支援者が主体となって対象者を支援していきますが、必要に応じて支援者会議のコーディネートや、トラブル対応、支援の助言などのバックアップを行い、地域で対象者を支える形を目指します。これを「フォローアップ業務」と呼びます。

　地域生活定着支援センターでは「コーディネート業務」、「フォローアップ業務」の他に、地域からの相談に対応する「相談支援業務」や被疑者段階にある人の支援を検察庁や保護観察所等と連絡して行う「被疑者等支援業務」なども行っていますが、ここでは詳しい説明は割愛いたします。

 2. **事例『安易な窃盗を繰り返す男性 A さん』**

〈ケース概要〉

A さん　男性　46歳　IQ58（CAPAS）

刑務所は6度目の服役。これまですべて窃盗罪で逮捕されています。
支援を受けられるような家族はなく、貯金などの財産はありません。

〈生活歴〉

　両親は物心ついたころにはおらず、祖母と生活保護を受けて暮らしていました。中学生のころに祖母が体調を崩し、入院。Aさんは児童養護施設に入所。祖母は体力が回復しなかったために、退院と同時に老人ホームに入所しました。そのため、本人は成人するまで児童養護施設で暮らすことになりました。

　児童養護施設を出た後は、飲食店で住み込みで働いたり、日雇いの現場仕事などをするも仕事は長続きせず、収入は不安定で、生活に困っては食料品などを万引きするようになりました。しばらくすると、食料品だけでなく、チャンスがあればタバコやマンガ、日用品なども盗むようになりました。

　22歳で刑務所に初めて服役し、その後も刑務所に出たり入ったりを繰り返していました。途中、生活保護を受けて一人暮らしをしたり、役所の人に紹介されて救護施設を利用していたこともありましたが、どれも長くは続きませんでした。また、時々ホームレス生活をすることもありました。

〈依頼経過〉

　X刑務所の社会福祉士が面談したところ知的障がいの可能性があると感じました。社会福祉士はAさんを特別調整候補者として選定し、Y保護観察所に連絡しました。担当観察館が面談し特別調整担当者として地域生活定着支援センターに福祉的支援の依頼をしました。

〈地域生活定着支援センターによる対象者面談〉

　Aさんは人と話すことに苦手意識はあるものの人嫌いではなく、はにかみながらも積極的に話をしてくれました。

　Aさんにどんな生活をしたいか希望を聞いたところ「ふつうの暮らしがしたいです」と答えました。「普通の暮らし」とは「働いて、一人暮らしすること」で「できれば結婚したい」と言いました。仕事については、失敗して怒鳴られてばかりだったのでいままでやってきたような仕事はしたくないと言います。かといってどんな仕事が良いのかは「わからない」とのこと。趣味はカラオケ

スナックに行くことだと答えました。

　窃盗についてはお金に困ったために、食べ物、タバコ、マンガや日用品などを盗っていたとのことで、お金がある時は盗まないと言います。記録では生活保護を受けている時も窃盗しているようだと指摘すると「お金が足りなかったんです」と言います。口座にお金が振り込まれたら全額引き出して、特に計算せずに感覚で買い物をしていた様で、うまくお金を使えてないことがわかりました。

　生活保護で単身生活をしていた時の生活習慣を聞くと、食事は朝はコンビニの菓子パンと缶コーヒー。昼、夜はスーパーの値下げされた弁当。タバコは毎日１箱吸い、缶チューハイ２缶を買って夜に飲む。洗濯は週に一回コインランドリーを利用し、風呂は週２回銭湯に行っていたとのことでした。

　試しにタバコ１日に１箱（500円）をひと月（30日）買い続けたらいくらになるかと質問してみると、本人はとまどい、「１万円くらいですか？」と不安そうに答えました。お金の計算が苦手なことがわかりました。

　その結果、生活保護費を受け取っても月の後半にはほとんど残っていなかったようです。

　お金がなくなったら、どこに相談していたのかと問うと「誰もいないです。炊き出しとかに並んだり、日雇い仕事をしたり、どうしようもない時は盗っていました」と答えます。

　面談を重ね、過去に関わりのあった施設や行政機関から情報収集を行い、徐々にＡさんの本人像が見えてきました。また、児童養護施設在籍時に軽度の知的障がいを指摘され、療育手帳の交付を受けていたことが分かりました。

　また、むやみに窃盗を行うわけではなく、知的能力の低さが生活の困窮を招き、困窮時に相談したりできる相手もなく、Ａさんなりの状況打開策として窃盗を行っているということが見えてきました。加えて、生活に困窮しても、直ちに窃盗をしているわけではなく、ホームレス生活で覚えたアルミ缶回収でお金を稼いだり、炊き出しを利用したりと工夫もしていました。ただ、そういう生活がしんどく感じた時には、捕まる覚悟で窃盗に及んでいたようです。Ａさんは「捕まったところで泣いてくれる人もいない」という言葉を口にすること

もありました。

〈アセスメント〉

・孤独。気にかけてくれる人もなく、自己肯定感が低い。
　Ａさんを気にかけてくれるような人を増やす必要がある。支援者だけでなく、通所先など横のつながりができるような場所をつくる。

・計算は苦手。ゆっくり考えればできる計算も、めんどくさがって避けてしまう。
　金銭管理を手助けしてくれる人が必要。

・読み書きが苦手で、書類に書いてあることや書き方がわからないとイライラする。役所などから大事な書類が届いても放置してしまう。
　文書を読んで説明してくれたり、必要な手続きを手伝ってくれる人が必要。

・掃除、洗濯はある程度自分でできるが自炊はできない。
　食事の支援が必要。

・困った時に対処方法がわからないと、逃避あるいは放置してしまう。
　日常的に助言をしてくれたり、相談できる人が必要。

・お金が必要なので仕事をしたいというが、あまり成功体験はなく、自信もない。
　生活保護や障がい年金手続きを行うなど経済面の保証が必要。
　障がいを踏まえた就労のサポートが必要。

　これらの支援を行うために療育手帳の再交付と、障がい福祉サービスの支給決定が必要であると判断。

〈再度対象者面談〉

　必要だと考えた支援をＡさんに説明したところ、Ａさんからは概ね同意を得られましたが、住まいについて障がい者グループホームの利用提案を提案した時には難色を示しました。Ａさんは過去の施設生活での経験や、現在の刑務所生活で、他者との共同生活に嫌気がさしていました。そこで、一度グループ

ホームの管理者から直接話を聞いてから考えてほしいと提案し、Aさんの了承を得ました。

　後日、受け入れを打診した障がい者グループホームの管理者に刑務所で直接Aさんと面談してもらい、写真を見せながら、どのような生活をすることになるのかイメージできるように丁寧に説明してもらいました。

　Aさんは今まで経験した施設生活とはずいぶん違っていることを理解し、積極的に利用を希望するようになりました。

〈支援の調整〉

・釈放後ただちに障がい福祉サービスを利用できるように療育手帳の再交付手続きや障がい支援区分手続き等を矯正施設の社会福祉士に依頼しました。
・釈放後に速やかに生活保護申請を行えるように、事前に行政に相談しておきました。
・地域での相談支援の中心となってもらうよう相談支援事業所に関わりを相談しました。
・就労についてはグループホームから通える就労継続支援B型事業所数カ所に見学を予約しました。
・金銭管理を社会福祉協議会と障がい者グループホームで連携して行ってもらうようそれぞれに相談しました。
・今後関わってもらうことになる福祉事業者を集め会議を実施しました。会議では具体的な手続きの役割分担や、Aさんの特性や支援における注意点、支援者間の連携の在り方等について共有し、協議を行いました。

〈釈放対応〉

8：30　AさんをX刑務所に出迎えに行きました。「はじめて出所日に人に出迎えてもらった」と嬉しそうな様子でした。

9：30　役所にて住民票の異動、生活保護の申請等の手続きを行いました。

12：00　一緒に昼食を食べました。

13：00　新生活に必要な日用品の買い物をしました。

15：00　グループホームに到着し、今後の生活について改めて説明を行いま

した。

〈地域生活後〉

・支援者や A さんから定着支援センターの相談員に電話が時々あり、それぞれ助言し対応しました。

・釈放後ひと月して振り返りの支援者会議を実施し、A さんの状況を支援者で共有しました。小さなトラブルはありながらも大きな問題にはならず、新しい生活になじみつつあるため、今後は何か特別な事情があった時のみ支援者会議を開催することとしました。

・2 か月後、A さんが朝、就労移行支援事業所に向かったまま行方が分からなくなったとの連絡が定着支援センターに入りました。前日にグループホーム職員と金銭管理のことで口論になったとの情報がありました。

連絡を受けた定着支援センター職員が A さんが過去にアルミ缶回収をしていたと話していた地域を探したところ A さんを発見しました。A さんの思いを聞いた上で、相談支援専門員に相談し、支援者会議が開かれることになりました。支援者会議では A さんの思いは丁寧に受け止められ、今後の支援者側の対応策や A さん自身の対応策が話し合われました。

・その後は大きく問題なく、生活を続け、定着支援センターへは近況報告のみで相談の電話はなくなりました。

※　地域生活定着支援センターは各都道府県に設置され、それぞれ地域の特性を踏まえた支援を行っています。ここに記した事例のような対応が必ずなされる訳ではありません。ケースだけでなく地域によっても支援のスタンスやアプローチは異なります。

3. 入口支援について

1）触法障がい者を支援する意義

「2　触法障がい者の概観」で述べたように犯罪に至るには生きづらさが影響します。そして、服役を経験することによって反省したり、後悔することはあっても、生きづらさが緩和するということはあまり起こりません。むしろ、前科が残ること、履歴書に書けない期間ができること、家族や友人との距離ができることなど、生きづらさが悪化することのほうが多いでしょう。生きづら

さを緩和するには、やはり福祉的支援が力を発揮します。

　犯罪をしてしまった人（加害者）を支援するということには、加害者に加担するようで抵抗感を持つ人もいるかもしれません。しかし、加害者が減るということは被害者が減るということです。再び加害をしてしまいかねないリスクを抱える人を支援して課題を解決できれば、加害のリスクが下がり、新たに被害者が生まれるリスクも下がります。

　そう考えると支援はなるべく早いタイミングで行われる方が望ましくなります。後に詳述しますが、事件を起こして逮捕されても全員が刑務所に入ってしまうわけではありません。むしろ、刑務所まで行ってしまう人はごく稀で、ほとんどが刑事手続きの途中段階で釈放されます。しかし、比較的軽微な万引きのような犯罪でも繰り返せば次第に処分が重くなり、いずれ実刑判決が下されて服役することになります。

　先に説明した「特別調整」は刑務所を出所する段階に行う「出口支援」の一つですが、刑務所に入る前の刑事手続き段階で支援を行うのが「入口支援」と呼びます。「入口支援」によって生きづらさが緩和すれば、服役に至るまで犯罪を繰り返すのを止められるかもしれません。

２）刑事手続きの流れ

　成人の場合の刑事手続きを大まかに説明します。厳密には色々なパターンがあり、複雑になりすぎるので一般的なパターンで説明します。

　何らかの犯罪が発生したら、まず警察が捜査を行い、被疑者（犯罪を行った可能性の高い人）を特定します。被疑者が現行犯の場合や、逃亡や証拠隠滅の可能性が高い場合に、裁判所の許可を得て逮捕します。逮捕して身柄を拘束する事件を「身柄事件」、身柄を拘束しない事件を「在宅事件」と呼びます。

　警察は捜査が終了すると、捜査結果を記した送致書を作成し、事件の関係書類や証拠物などと一緒に検察官に送致します。身柄事件の場合は逮捕から48時間以内に送致されます。犯罪が軽微な場合は、検察官に送致されることなく、身元確認後に釈放される「微罪処分」という処理がなされることもあります。

　検察官は警察から送られてきた事件を捜査した上で起訴するか、不起訴にするかを決定します。起訴とは裁判にかけることを言います。身柄事件の場合、この捜査のために10〜20日間勾留されます。起訴処分には、法廷で裁判が開かれる公判請求と、裁判が開かれず書類審査で罰金または科料が科される略式

命令請求があります。不起訴処分には、犯罪を立証する証拠が不十分な場合の「嫌疑不十分」、証拠が十分でも被疑者の性格や年齢、情状（犯行の動機、被疑者の反省など処分を決める上で参考となる事実）などを考慮して起訴を必要としないと判断した場合の「起訴猶予」、被疑者が精神上の障がいより是非善悪を判断できないなどのため、責任能力が認められない場合の「心神喪失」などがあります。

　裁判になると検察官は、公判請求した事件の裁判に立ち会い、裁判所に証拠調べを請求したり、証人尋問を行ったりして被告人（起訴された被疑者）が犯罪を行ったことなどを証明します。検察官は、証拠調べの終了後、求刑を含む論告を行います（弁論手続）。また、裁判所の判決に対して上訴（判決が確定する前に上級の裁判所に対して不服を申し立て、判決の変更または取り消しを求めること）することもあります。

　弁護士は、検察官から起訴された被告人の弁護人として、被告人を擁護するため、被告人にとって有利な事情を主張、立証します。弁護人は訴訟記録を調べたり、被告人と会って事情を聴くなどします。弁護人は、被告人自身あるいはその親族等が選任する（私選弁護人）のが原則ですが、貧困その他の理由で私選弁護人を選任できない時は、被告人の請求によって裁判所が弁護人を選任する（国選弁護人）ことになっています。

　検察官による論告求刑、弁護人による最終弁論、被告人による最終陳述が終了すると結審（すべての審理が終了すること）となり、その約 1 ～ 2 週間後に判決が言い渡されます。

　判決は「懲役○○年○○月」や「懲役○○年、執行猶予○○年」などと言い渡されます。例えば「懲役 4 年」と言い渡されたら刑務所に原則 4 年間服役しなければいけません。「懲役 1 年 6 月、執行猶予 3 年」と言い渡されたら刑務所で 1 年 6 か月間服役しなければならないが、3 年間問題なく社会で過ごすことができれば、服役しなくても良いという判決です。もちろん、審理の結果、無罪ということも稀にあります。他にも判決のバリエーションは色々ありますが割愛します。

　このように、刑務所に行くまでにはそれなりの段階を踏むことになります。そして、逮捕されても、その各段階で釈放される可能性があります。

３）刑務所まで行く人はごく一部

　それでは、警察に検挙（被疑者を特定し、刑事手続きをすすめること）された人のうち、どれくらい服役にまで至るのか。「令和４（2022）年版犯罪白書」を参照します。「令和４（2022）年版犯罪白書」で2021年の統計が掲載されています。

　2021年の検挙人員の総数は17万5,041人、起訴された人数は６万2,396人、刑務所入所人数は１万6,152人でした。検挙人数の約９％が服役まで至っていることになります。ただし、刑事司法手続きの途中で年が変わる場合があるため、17万5,041人の内の１万6,152人が刑務所に入所したわけではなく、あくまで参考の数値です。

　この刑務所に入所した１万6,152人の内、「精神障がいを有する者（知的障がい、発達障がい等含む）」とされているのは2,475人です。この人数を検挙人数の約９％だと仮定すると、検挙された「精神障がいを有する者（知的障がい、発達障がい等含む）」は２万6,000人以上いることになります。刑事司法手続段階で障がいが明らかになっていない人も含めるともっとたくさんいるだろうと思われます。

　この数字だけを見ても、出口支援だけでなく入口支援が重要であることがうかがい知れます。同じ程度の犯罪でも、繰り返すほど反省が無いと見做され、刑事処分は重たくなるので、より深刻な司法手続きに進まぬ内に、より早い段階で関わることが重要であることがわかります。

４）犯罪の予防に注力するあまり「司法の福祉化」に注意

　これは入口支援に限った話ではありませんが、罪を犯したことのある人を支援すると、関わるからには再び失敗を繰り返させたくないという気持ちになります。関わりを持った人を拘置所や刑務所に行かせたくないし、被害者も生みたくはない。もし、失敗を繰り返してしまったら、支援していた自分にも責任があると考えるのです。そのような考えばかりに囚われ、リスクをなるべく減らす対策ばかりに意識が向き、支援対象者の思いをないがしろにして、まるで刑事施設の職員のような振る舞いをしてしまうことがあります。これは刑事施設の職員が悪いというのではなく、役割が異なるという意味です。

　架空の事例をもとに説明します。

　グループホームの職員 Z さんは、初めて犯罪歴のある人を受け入れることにしました。紹介された X さんは、お酒を飲むと止められず、すぐにお金がなくなって、その果てに万引きをしてしまうという失敗を過去に何度も繰り返していました。Z さんは、X さんを受け入れるに当たって同じ失敗を繰り返させないための対策を考えてルール化しました。

　まず、飲酒は禁止。依存傾向が感じられ、飲んで止まらなくなったらいけないので最初からお酒を飲んではいけないことにします。次に金銭管理の徹底。計算が苦手であればあるだけ使ってしまうらしいので、通帳を預かって 1 日に 500 円ずつ、毎朝手渡すことにします。一人で外出して何か盗んでしまってはいけないので外出は職員が必ず同行することにしました。

　本人が入居の日に初めてこのルールを提示しました。X さんは「生活に不安がなかったらお酒を飲みすぎることはないし、せっかくの居場所を失いたくはないから万引きなんかしない。だからルールを緩めてほしい」と訴えましたが、Z さんは聞き入れませんでした。X さんは、他に行き場はないのでルールを受け入れることにしました。

　X さんは一ヶ月ほどはそのルールを守って過ごせましたが、ある時就労継続 B 型事業所から帰ってきてすぐにホームを抜け出して、お酒を買って飲んでしまいました。夜中に酔って帰ってきた X さんを Z さんは厳しく注意しました。そして、再発を防ぐ手段として、X さんの自室のドアに開閉すると音が鳴る装置を取りつけました。

　しばらくして、X さんは再び職員の隙を見てホームを抜け出してしまいました。今度は自分から帰ってくることはなく、何日かして警察から Z さんに連絡がありました。コンビニで菓子パンを万引きをしてしまったとのことでした。Z さんは X さんを警察に迎えに行きましたが、X さんは「ホームには戻らん。あんなところは刑務所と同じだ」と言い、ホームに戻ろうとはしませんでした。

　このようなことはしばしば起こります。
　この事例の問題はいくつかあって、一つは「強制」です。この事例でのルールへの本人同意は断れない状況であり、半強制的です。次に「決めつけ」です。X さんは自身の飲酒や万引きについて自分なりの分析があり、ルールの緩和を求めましたが、Z さんは全く聞き入れませんでした。これは X さんの言う通りにしたら失敗すると決めつけたが故の態度で、X さんに対してあなたを信用

していないというメッセージにもなります。そして「監視」です。「見守り」は福祉の役割りですが、「監視」は異なります。行為としては似ていますが、それを受ける側の「見守ってくれている」と「見張られている」では大きく印象が変わります。

　Xさんはルールを「強制」され、過ちを犯すと「決めつけ」られ、「監視」されていると感じたからこそ「刑務所」と変わりないように感じたのでしょう。

　このような、福祉的支援のはずが刑事司法に似てしまうことを「福祉の司法化」と言います。

　本人の納得していないルールを設ける・本人のプライベートな時間や空間を監視する・罰を設ける・本人の望まない支援を強要する・本人に無断で金品を預かる・選択権を奪う・強い言葉で従わせる・本人宛の郵便物を勝手に開封する、なども「福祉の司法化」であり、「虐待」にもなり得るものです。

　とは言え、リスクが高かったり、失敗してしまった場合の影響が多大な場合などは特に行動制限や管理をせざるを得ない場合があります。支援対象者自身が自己の危機状況を理解し、それを自力で上手に回避できるようになるには時間がかかるため、その間はルールにより行動に制限をかけるなど環境設定の工夫によらざるを得ないためです。

　ともすれば権利侵害や虐待の指摘を受けかねない行動制限や管理を、それでも支援対象者のために実施せざるを得ないということはあります。その際にいくつか注意したほうが良いと思われるポイントを、先ほどの事例を参考にして説明します。

・制限や管理は必要最小限に留める。

　これにはアセスメントが重要です。事例では闇雲に制限をかけ、金銭管理をしていますが、どんな飲み方をするのか、いかなる時もそうなのか、飲酒は必ず万引きにまで至るのか等、検討されていません。もしかしたらXさんは翌日仕事があれば飲みすぎないかも知れませんし、本人の言う通り、生活に満足すれば万引きをすることはないのかもしれません。

・支援対象者には前もって丁寧に説明し、同意を得る。

　事例では、Xさんがホームに入所する当日にルールを伝え、拒めない状況になっています。可能な限り、入居前にルールを提示し、Xさんが拒んだり、交渉できる余地を残すほうが良いでしょう。

・制限や管理の実施を、事業所単独で判断せず、複数の支援者とともに検討する。

　事例では他にどのような支援者がいるのかわかりませんが、可能な限り複数の支援者でアセスメントを共有し、ルールを検討したほうが良いでしょう。他者からの意見や視点を入れることで、過度な制約を避けたり、制約をしなくて済むようなアイデアや協力を得られることがあります。

・制限や管理は段階的に緩和する。

　できる限り制約的なルールは固定化せず永久的なものでなく、徐々に緩和していくことを検討しましょう。事例の X さんに制限を設けた際に、徐々に緩和していくものであることも同時に伝えていたら X さんの行動は変わったかもしれません。制限の緩和の仕方は、一週間何も問題なく過ごせたらこの曜日のこの時間帯だけ単独外出をして良いことにする。さらにもう一週間問題なく過ごせたら、単独外出可能な曜日をもう一日増やす。というように達成しやすい小さい課題を細かく設定するスモールステップの方法が良いでしょう。

・支援対象者と対立するのではなく、協調を目指す。

　支援対象者の望まない制限を設けることは、支援者との間で緊張を生み対立関係にもなりかねません。こうなると信頼関係の構築は困難になります。これを避ける考え方の工夫として、支援対象者と課題を分けて考えるという方法があります。支援者と課題のある支援対象者が対峙するのではなく、支援者と支援対象者がチームとなって課題と対峙するというイメージです。X さんに「あなたはお酒を飲みすぎてお金がなくなったら万引きするので、こういうルール作りました。守ってください」というのと「あなたの課題にこれからは私達も一緒に向き合いたいと思います。こういうルールを考えたのですが協力してもらえますか」というのでは印象は異なります。イソップ寓話の『北風と太陽』で旅人を支援対象者、コートを不適切な行為だとすると、北風のように力でコートを脱がそうとすると旅人はかえって反発し、コートを手放さなくなります。太陽のように、旅人自らがコートを脱ぎたくなるようなアプローチが有効です。これは支援対象者を上手にコントロールしましょうという意味ではなく、不適切な行為はもう必要ないと支援対象者自らが思えるように支援をしていくという意味です。

５）加算の活用について

　一口に罪を犯した障がい者と言っても、当たり前ですが、一人ひとり異なります。殺人、強姦、放火のような重大な事件を犯した人。罪名では比較的軽微ながらも、抑制が困難だったり、依存性が高かったりして再犯のリスクが高い人。罪を犯した人の支援とそうでない人の支援では前者のほうが支援に労力や工夫が必要なことが多いでしょう。

　そこで、事業の種類によって以下の加算を活用できる場合があります。

【地域生活移行個別支援特別加算】
　→グループホーム、宿泊型自立訓練、障がい者支援施設が対象

【社会生活支援特別加算】
　→自立訓練、就労移行訓練、就労継続支援 A 型／B 型が対象

　これらの加算を適用するには対象者、受け入れ事業所の双方に条件があります。
・対象者は矯正施設（刑務所、拘置所など）を退所して 3 年経っていないこと。
・支給期間は最長で 3 年間。
・受け入れ事業所は有資格者による指導体制があること。
・従業員が年 1 回以上、関連する研修を受けていること。
　などがあります。詳しくは管轄する行政機関に問い合わせてください。

　このような加算は積極的に活用したほうが良いと思います。この加算によって支援体制を充実させたり、支援の工夫をしやすくなります。国がこのような加算を設けるということは、まだまだこの分野の関わり手が少ないことを暗に示しています。
　触法障がい者支援は、地域で直接関わる人がいないと成り立ちません。また、このような方々に関わることで、支援のスキルは上がり、考えも深化します。「情けは人のためならず」という言葉同様に自分自身への利益となります。
　福祉は自分自身の社会を安心で居心地よくするものです。人はいつ病気や事故で障がい者になるかわかりません。例えば、脳が傷ついて感情や衝動の統制が難しくなった結果、自分自身が触法障がい者になる可能性だってあるのです。

どんな時でも、たとえ失敗をしても、より良く生きる手段がある社会を私たち
と一緒につくっていきませんか。

【参考文献】

山本譲司『獄窓記』新潮社、2008。

山本譲司『累犯障害者』新潮社、2009年。

法務省「令和 4 年（2022年）版犯罪白書」(https://www.moj.go.jp/housouken/houso uken03_00118.html）2022年 2 月 3 日閲覧。

第4章

受け入れ後の対応

石野英司

1. 受け入れ時、受け入れ後の対応

　弊社では、長年、罪を犯した人も含めた多くの障がいのある人を利用者として受け入れており、雇用もしてきました。そのため、刑務所や少年院にいた人、起訴猶予処分や執行猶予つき判決が出て社会で更生しようとする人の受け入れを検討する事業所から、相談が来ることが多くあります。

　ここで、受け入れ時や受け入れ後の対応、トラブル発生時の対応など、弊社がよくいただく質問や相談と、それぞれの課題に対する対応をご紹介いたします。紹介する対応例は、「弊社ではこうしている」という参考例です。必ずしもそうしなければいけないというものではありませんし、同じ対応をすれば必ずうまくいくというものでもありません。本人の障がい特性や成育歴、年齢や性別、人員体制などの事業所の実情や地域の特性などにより、同じ対応をすることが難しい場合もあります。他の対応をした方がよい場合もあるでしょう。それぞれの事業所で対応を検討する際の参考にしていただければ幸いです。

1）個人情報の扱い

　罪に問われた人を受け入れる際に、多くの支援者が悩むのが個人情報の扱いです。罪に問われた過去があったとしても、刑期を終えて刑務所や少年院を出た後は、すでに法律上の罪を償った人です。過去に刑務所にいたという事実、どんな罪を犯したか、何回刑務所に入ったかという情報は個人情報になります。弊社では、他の利用者にもスタッフにも問われた罪に関する情報を一切伝えておりません。面談で直接会った担当者だけが知っている状態で受け入れます。他のスタッフには受け入れの時期がいつ頃になるか程度の必要な情報のみ伝えます。

　本人に、「あなたのしてきたことを限られたスタッフに伝えていいか」とい

う確認は一応取りますが、了承が得られない限り、一切伝えないようにしています。了承が得られて限られたスタッフに情報を伝える際も、スタッフに「個人情報については漏らさない」と一筆書いてもらい、「故意に外部に漏らした場合は責任を取ってもらうことになるので口外しないように」と念を押しています。

　ただ、こちらが黙っていても本人が「刑務所に入ったことがある」「こんなことをして捕まった」と言って回ることで、結果的に周囲が知ってしまうことがよくあります。この場合は、本人が自分の意志で伝えたことなので仕方ありません。

　他の事業所では、受け入れ予定の人と関わるスタッフ全員と個人情報を共有して受け入れる方針のところもあります。性的な課題を抱える人など対応に苦慮すると予想されるケースの場合、関わるスタッフが全く知らない状態で受けることが難しいためです。しかし、その場合も、面談の際にスタッフに個人情報を伝えることの了承を本人から得た上で、受け入れているところが多いようです。

２）利用者が近所のお店でトラブルを起こした際の対応

　仮に一人で行動をさせると問題を起こす可能性があるとしても、四六時中、利用者の行動を監視するのは人権上の問題がありますし、支援者の負担も多大なものになります。過度な行動の監視や抑制は、「障害者虐待防止法」に触れる可能性があります。見守り体制や本人の行動にどの程度干渉するかは、事業所の方針にもよりますが、いくら見守りを強化したとしても、本人の行動をすべて把握することはできません。一人で近所のお店に行った際に、店員に暴言を投げかけたり、代金を払わずに勝手に商品を持っていこうとしたりしてトラブルになることも起こり得ます。

　弊社ではこのような場合、連絡が入ったらすぐ駆けつけるようにしています。自分の立場を明かした上で、「この人はコミュニケーションをとることが難しい」と、その人の特性を説明します。まずは、利用者を守る姿勢で対応します。そして、経緯や事実関係を把握し、支援者の支援が及ばなかったことについて謝罪します。その後、お店の人に「同じことを繰り返すようであれば出入り禁止にしてください」と伝えます。出入り禁止にすることが難しい場所であれば、支援者の連絡先を先方に伝えて、「この人がまた入ってきたら連絡してくださ

い」「大声で騒ぐようであれば『代表の人に電話をしてこのことを話すけどいいですか？』と本人に言ってください」と、お店の人にお願いするようにしています。利用者と支援者の信頼関係ができていれば「自分のトラブルで世話になっている支援者を何度も呼びつけてしまうのは忍びない」と思うようになり、頭に血が上って気持ちが荒れていても、理性が働きやすくなります。

３）スタッフに暴言を投げかけた際の対応

　荒い言葉を使ったり、粗暴な振る舞いをしたりする傾向がある人は、スタッフと衝突してしまうことがあります。屈強な男性スタッフにはあまり強い態度には出ないけれど、グループホームの世話人さんで女性の方や、若いスタッフなど弱い立場にある人に対してえらそうな態度で暴言を投げかける人がいます。

　弊社では、「お前（スタッフ）が間違っている！」「謝れ！」など、スタッフに対して荒い言葉を使って騒いだ時、「あなたがそう思うのなら石野さん（弊社の責任者である石野英司）に聞いてみたら？」とスタッフに対応するように伝えています。その際に、「ごめんね」などのその場しのぎの謝罪はしないようにスタッフには言っています。荒れた言動をなだめるためにその場しのぎの謝罪をしてしまうと、「世話人が非を認めて謝ってるんだから世話人のほうが悪い」という本人の誤ったとらえ方を強化してしまうことがあるからです。事情を聴いて、本人に謝罪する必要がある場合は代表が謝罪するようにしています。スタッフには、利用者がわかりやすい言葉で落ち着かせるように言っています。

　そして、時間と場所を改めて、「この前、世話人さんからこういうことがあったってきいたけど本当？」と代表の私、石野英司が話を聞き、本人が事実関係を認めて、本人に非がある場合は「それはあかんな」と諭すようにしています。

４）性的な逸脱行動をした際の対応

　特定の状況（電車やバスの中など）になると、好意を抱いた相手に抱きついてしまう、相手の体を触るといった行動をする人がいます。性的なトラブルを起こす人への対応は情報収集と、関わるスタッフや関連機関との情報共有が欠かせません。一施設や一人の支援者だけで抱え込まないようにします。弊社では、地域生活定着支援センターに連絡し、助言を得るようにしています。そして、地域生活定着支援センター、どういう課題があるのか、どういう状況でト

ラブルを起こしやすいのか、アセスメントを行います。

　例えば、混雑した電車に乗っている時に痴漢などの性的な逸脱行動を起こしやすいのであれば、電車に乗らなくてもいいような生活をコーディネートします。若い女性を見ると性的に興奮してトラブルを繰り返すような場合は、若い女性の支援者が少ない事業所につなげるようにします。必要な場合は医療機関につなげることもあります。

5）受け入れ後に失踪してしまう

　罪に問われた人を受け入れた後にしばしば起こるのが失踪です。更生支援に携わる支援者の間では「飛ぶ」という言葉で表現しています。長い間、刑務所で生活してきた人にとって、刑務所から出ていきなり新しい環境で生活することに慣れるのはなかなか難しいものです。はじめのうちは、慣れない環境に戸惑い、居心地が悪いこともあるでしょう。しばらくして、生活に慣れると気のゆるみも出て、この場所を離れて自由な生活がしてみたいと思う人もいます。薬物などの依存症がある人は、誘惑に負けて、また悪い仲間の元に戻って薬に手をだしたくなることもあります。まずは、失踪するには本人なりにそうしたくなる理由があるということを理解しておきます。「逃げ出したい」という気持ちが本人に沸いてくると、そわそわしだしたり、作業にミスが多くなったり、様子に変化が出てきます。その変化に気づいて、つらいと思う気持ちに寄り添い、しんどさを感じているのであれば、言葉がけをして、無理をさせないように配慮します。例えば、作業でミスを注意されるとイライラして、精神安定剤を服用したり深酒をしたりするようになり、その結果、作業中も注意が散漫になりミスが多発してまた注意されスタッフと衝突して、さらにイライラするという悪循環に陥ることがあります。このような状況が続くと、本人も嫌気がさして、「一刻も早くこの状況から抜け出して別の生活がしてみたい」という思いが強くなってきます。この状態に早期に気がつけば、適度に休ませたり、翌日に影響が出ないよう深酒もほどほどにするように助言したりできます。

　いくら気配りをしていても、失踪する時は失踪します。支援者が探し回って行きつけの場所で見つかることもあれば、生活に困って自分から戻ってくることもあります。そのまま戻ってこないこともあります。以前、弊社で受け入れた少年が突然いなくなったことがありました。それから何年も音信不通でしたが、最近、その元少年が突然、私を訪ねにきたことがありました。その元少年

が、「自分のこと覚えてますか？」と声をかけてきたので、「もちろん覚えてるよ」と答えました。雨の中、遠方から自転車できたと言っていました。当時は何らかの理由でいなくなったのでしょうが、顔を見せて近況を伝えに来てくれたということは、私たちのところで過ごした時間は彼にとって意味のあることだったのでしょう。

　いなくなる時はいなくなります。でも、仮にそうなったとしても、「裏切られた」と腹を立てるより、「ここで過ごした時間がその人の今後の人生にとって意味があるものになってくれたらなあ」くらいに思っておいた方がいいでしょう。そういう気持ちで関わっていれば、何かの拍子にひょっこり戻ってきた時も、自然に受け止めやすくなります。

2.　支援している人が捕まったという連絡を受けたら

　他の事業所や支援者から相談される内容でもう一つ多いのは、「自分が支援している人が捕まったと聞いたんですがどうしたらいいでしょうか」というものです。支援している人といっても、契約している利用者の場合もあれば、契約関係はなく個人的に支援している場合もあり、捕まったその人と支援者の関係は多種多様です。ただ、どのような関係性であっても、大切なのはまず落ち着いてどのような状況になっているのか把握することが大切です。下記の四つのポイントを押さえて、状況を整理し、必要な情報を収集します。

1）捜査・裁判がどの段階まで進んでいるか確認する
　「捕まった」といっても、逮捕されている状態なのか、裁判を受けているのかによって、できることやしなければいけないことは変わります。逮捕される前の段階なのか、逮捕されている段階なのか、起訴された段階なのか、裁判がすでに始まっている段階なのか、今、どの段階なのか確認しましょう。罪に問われた人が支援者の名刺や連絡先を書いた紙を持っている場合、警察や弁護士（弁護人）から直接情報提供を求める連絡が来ることがあります。逮捕や起訴されているからといって、それだけではその人が疑われている内容が事実であるとは限りません。一部事実であったとしても、やっていないことまで自白してしまうことがあります。いきなり情報提供を求められると戸惑うことも多い

でしょうが、基本的にはその人の特性を伝えるなど、守る立場で対応します。事件発生時にその人が、どこで、誰と、何をしていたか尋ねられるなど、事実関係の確認を求められた際は、記憶があいまいな部分があればその場でいい加減な返答をせずに、周囲に確認した上で、後で正確な返答をするようにします。当日の本人の行動を記載した日誌や写真、映像など、情報の正確さを補強する材料があればあわせて情報提供します。

２）弁護士（弁護人）がついているか確認する

　罪に問われた人に弁護士（弁護人）がついているかどうかを確認することも重要です。貧困などの理由で自分で弁護士（弁護人）を選ぶことが難しい人の場合、申し出ることによって国選弁護人がつきます。各地域の弁護士会には、当番制で被疑者（罪に問われている人）などの依頼により弁護士（弁護人）を派遣する制度があります。依頼を受けると当番弁護士が出向いて無料で接見（会って話を聞くこと）し、相談に乗ってくれます。弁護士（弁護人）と支援者が連絡を取りあうことが可能であれば、下記の障がい特性や、コミュニケーション上の困りごとを弁護士（弁護人）に伝えておきます。

※　弁護士のことを刑事事件では「弁護人」と呼びます。

３）障がい特性の整理

　罪に問われている人が、どのような障がい特性があるのか整理します。特に、人とコミュニケーションをとることが難しい人については注意が必要です。迎合しやすい、どんな質問にも「はい」と答える、言われた言葉を繰り返してしまう、一度にたくさんの質問をされると混乱する、早口で言われると理解が難しくなる、大きな声で話しかけられるとおびえる、母語が日本語ではない、順を追って説明することが苦手、場面緘黙（ふだんは会話ができても特定の状況になると話すことが難しくなること）がある、難聴で質問が聞き取りづらい、筆談のほうが意思疎通しやすい、初対面の人と話すと過度に緊張するなどの、コミュニケーション上の困りごとを抱えている人は、やってもいないことを「やった」と言ってしてしまう可能性があります。事実確認や本人の気持ちを正確に聞き取る際にも障がい特性への配慮が必要になるので、弁護士（弁護人）や力になってくれる関係者に伝えます。

4）成育歴や家族構成、周囲の人間関係の整理

　その人がどのような環境で育ってきたか、現在どのような人間関係の中で暮らしているのかという情報は、裁判の中で汲むべき事情として考慮されることがあります。幼少期から虐待を受けていた、家族と長年疎遠である、身元引受人がいる、釈放後や出所・出院後に住むところや働き先があるなどの具体的な情報を整理しておきます。

　キーパーソンとなる人に心当たりがあれば、連絡を取り相談しておきましょう。キーパーソンとは、罪に問われている人と信頼関係があり、親身になって助言を与えてくれる人や、解決の方向性を決める上で中心人物となる人です。家族でなくても問題ありません。

3.　地域の理解

　罪に問われた人を受け入れるにあたって、地域の理解を得ることも欠かせません。前述したように、利用者（受け入れた人）が地域のお店や地域住民を困らせてしまう行動をとってしまうことがあるからです。お店にある食品をべたべた触る、お金を払わずに商品を勝手に持っていくといった法に触れる行動だけではなく、法に触れない行動でも、道を歩く時に大声で独り言をしゃべるなど、知らない人に不安を与えかねない言動をとることもあります。

　これまで半世紀以上にわたって大阪府堺市の同じ地域で、罪に問われた人も含めた障がいのある人を受け入れてきました。そのため、地域の人も障がいのある人が通っている場所だと知っています。「あそこは大きな声を出す人がよく通っている」「日中にパトカーが止まっていることがある」ということも知っています。長年、地域の人々や周辺のお店とも交流を深めており、お互いの顔や名前を知っている関係ができているので、おかげさまで地域の人たちから理解を得られているという側面があります。

　しかし、縁もゆかりもない新しい場所で事業を立ち上げ、そこに以前から住んでいた人に理解を得ようとするのは非常に難しいことです。特に、性犯罪で捕まり、刑務所に入っていた人については、地域の人が不安に思うのも当然のことです。ふとしたきっかけで魔がさしてまた再犯してしまうこともあるので、「私たちがついているので絶対再犯させません」とお約束することは不誠実で

すし、現実的ではありません。弊社では、新しい場所でグループホームを立ち上げようとする際、予定地の近隣の人々に「刑務所に入っていた障がいのある人を受け入れる場所を作ろうと考えています」と正直に伝えています。近隣の人に隠して立ち上げるようなことはしていません。「怖いからここ以外の場所でやってほしい」と断られることもあります。その場合は別の場所を探すようにしています。断られる可能性があったとしても正直に伝える理由は、都合の悪いことを隠し立てして近隣の人が後でそれを知った場合、強い不信感を持たれてしまうからです。

　信頼関係を築くには、日頃から地域と交流することが第一歩です。「罪に問われた人を信じてください」「偏見をなくしてください」と、地域の人たちを変える方向で訴えるよりも、支援する私たちが行動で示して、「この人たち（支援者）は信用できる人だ」と地域の人に思ってもらえるよう、日々交流を続けることが、地道ではありますが大切なことです。そして、一つの事業所や一人の支援者だけで抱え込まず、何か不安なことがあった時には、地域生活定着支援センターや社会福祉協議会、保護司さん、弁護士さん、更生支援に携わる他の支援者に相談して、助言を得ることが大切です。罪に問われた人を支えるには、さまざまな人の力や知恵が必要です。多くの人が力を合わせることで困難な状況を解決しやすくなります。

コラム2
罪名と環境調整
堀　清和

　罪に問われた障がいのある人といってもさまざまな人がいます。殺人や放火、強姦、強盗、傷害、違法薬物、無銭飲食、無賃乗車、万引きなど、実際には個々のケースで異なるのですが、ひとくくりにしてとらえられがちです。「触法障がい者」や「累犯障がい者」という言葉を聞いて、おそらく一般の多くの人が抱くイメージは、殺人や放火、強姦などの重大事件でしょう。2019年に発生した京都アニメーションの放火殺人事件や、「人を殺してみたかった」という理由で殺人を行った2014年に起きた名古屋の女子大生による殺人事件のように、重大事件や凶悪事件として障がいのある加害者が報道で大々的に取り上げられることが、粗暴な凶悪犯の印象を強めているのでしょう。しかし、実際には「計算が苦手」「忘れっぽく財布を持たずに外出しやすい」「持っているお金をすぐ使い切ってしまう」といった特性により、無銭飲食や万引きなどの違法行為をする人のほうが多く、凶悪犯の割

合は低くなっています。「罪に問われた」という共通点と「障がい者」という共通点があるため、まとめられて語られがちですが、その結果、実像からかけ離れた印象を持つ人が多くなっています。無銭飲食や万引きは凶悪ではないから問題はないということをいうつもりはありません。違法行為をすれば罪に問われるのは当然のことです。しかし、罪に問われた障がいのある人の支援について考える上で、この点はもう少し整理しておいた方が良いでしょう。

　凶悪であるかないか、重罪か微罪かという視点もあるでしょうが、違法行為の認識があるかないか、意図的か偶発的か、という見方で解釈しなおすこともできます。放火事件を例にとると、放火は重大な犯罪ですが、「叱責されたことに腹を立てて相手の家に放火した」という事例と、「火を見つめていると気持ちが落ち着くので、空き地で枯草に火をつけて眺めていたら燃え広がって近くの小屋が全焼した」という事例では、罪名は同じでも支援者の関わり方は異なります。実は、更生支援に携わる人の間でもこの部分については意見が分かれます。誰かを傷つける目的で悪意を持って、違法行為であると知りつつ意図的に重罪を犯した人については、自分の事業所では受け入れないという考えの人もいれば、そのような人でもどこかが受け皿となる必要があるので、受け入れるという人もいます。

　法律上の罪名に引きずられることの危険性は他にもあります。窃盗の常習犯を例にとると、「計画的にお金を使うことが苦手なため、持っているお金をすぐ使い果たしてしまい、おなかがすいたので食べ物を万引きした」という事例と、「お金には困っていないのに、わざわざ人の財布からお金を盗む」という事例では、同じ罪名でも受け入れ後の支援の方法は異なります。前者は金銭管理の支援さえあれば再出発を支えることはできますが、後者は病的な窃盗（クレプトマニア）の可能性が高いので、医療機関につないで治療を受けることも検討する必要があります。

　罪に問われた人の受け入れの際の環境調整の際にも、罪名のみに注目するのではなく、その人がどのような背景があって違法行為をしたのか、どのような困りごと（主に障がい特性に起因するもの）を抱えているのか、考える必要があります。

　人を信じやすく、自分の頭で判断する力が弱い人の場合、悪意を持った人物や悪い仲間に騙されて、強盗の見張り役や違法薬物の運び屋など、違法行為であるとわからないまま犯罪の片棒を担がされることがあります。このようなケースでは、住み慣れた街で再出発をしようとしても、また悪い仲間にそそのかされる可能性が高くなります。身寄りがない人の場合、寂しくなって仲間だと思っている人物を頼り、また利用されるということも起こり得ます。どこで再出発をしたいかは本人の意向を尊重する必要がありますが、犯罪に親和性の高い人物から遠い場所での暮らしを提案することも必要になります。

　違法薬物の使用で刑務所に入っていた人の場合も、孤独を感じると悪い仲間や売人を頼ってまた違法薬物に手を出すということが起こりやすくなります。住み慣れた街や誘惑の多い都会から離れて暮らすことや、依存症の当事者団体、薬物の誘惑に負けそうになっても簡単に入手できないような田舎で再出発する方が依存からの脱却をしやすい場合が多くあります。

　性犯罪についても、性の関心がどのような対象に向かっているのか、どういう状況で一線を越えるのか、把握しておくことが大切です。性の関心については、成人の異性、同性、異性の子ども、同性の子ども、子どもであれば異性・同性を問わない、人ではなく下着に執着がある、盗撮に興奮するなど、多様なケースがあります。盗撮でも性的な欲求を満たすための盗撮と、盗撮した写真や動画を売って金銭を得るための盗撮があります。後者の場合、本人の性的な関心はあまり関係ないので、女性が女性の裸を盗撮する事例もあります。

　違法行為をしやすい状況については、バスや電車など混雑した場所で痴漢や盗撮をする、特定の性別や年齢、容姿の人物（髪の長い若い女性、一人で下校する男の子など）を見かけると抱きつく、下半身を露出するなど、違法行為をする状況に一定の傾向があることが多くあります。バスや電車、駅構内で痴漢や盗撮をする場合は、公共機関を利用しなくても移動できる場所に住むところと支援施設を探した方が、魔が差すきっかけを減らすことが可能になります。髪の長い若い女性に性的な関心がある場合、若い女性が少ない事業所の利用や高齢者の多い都会から離れた場所での暮らし、子どもに強い関心がある場合、移動範囲に学校や通学路がない場所を選んだ方が、逸脱した性的行動を抑えやすくなります。

　このように、罪名だけに目を向けず、罪を犯すに至った経緯や背景、特性を考慮することが、その人に適した支援や環境を提供する上で重要となります。

第5章

事実と異なることを言ってしまう
傾向がある人への対応

堀　清和

1. どんな質問をしても肯定する人

　その人の本心や事実と関係なく、どんな質問をしても「はい」や「うん」と答えてしまう人がいます。しゃべるのが苦手な人の場合、何を聞いても頭を縦に振って肯き、やってもいないことを認めてしまうこともあります。このような反応をしてしまうのにはいくつか理由があります。例えば、相手の話していることが難しくて理解できず、何を言われているかわからないけれど、「この程度のこともわからないの？」と思われるのが嫌だったり、「今の言葉はどういう意味ですか？」と聞き返すことが面倒だったりして、よくわからないまま肯定してしまうというケースがあります。虐待を受けるなどして、口答えをすると暴力を受けたり、人格を否定される言動をされたりする環境で育ってきた人の中には、自分より強い立場にある人に何かを言われた際に、とりあえず相手に逆らわず、言っていることを肯定してしまう傾向がある人もいます。考えるのが面倒なので、とりあえず相手の言っていることを全部肯定してその場を切り上げようという気持ちから、この種の反応を示す人もいます。このような傾向がある人は、取り調べの際に、実際に起こった事実とは異なることを自供して、冤罪に問われる深刻なケースもあるので注意が必要です。罪に問われた人に限らず、何を言われても肯定する傾向がある人には、質問の仕方を工夫することで、その人の本心や実際に起こった事実が何なのかを引き出しやすくなります。

　質問には、「はい／いいえ」で答えられる質問（クローズドクエスチョン）と「はい／いいえ」で答えられない質問（オープンクエスチョン）があります。

　クローズドクエスチョンは、「はい／いいえ」で答えることや、「頭を縦に振る（はい）／横に振る（いいえ）」ことで意思を示しやすくなるので、考えるのが苦手な人や会話が苦手な人でも比較的答えやすい質問の仕方です。例えば、

「家族と一緒に暮らしたい？」「働きたい？」「高校を卒業したい？」といった質問がクローズドクエスチョンにあたります。ただし、先に述べたように、どんな質問でもはいと答えたり、頭を縦に振ったりする傾向がある人の場合、本心とは異なる回答をしてしまうことがあるので注意が必要です。そこで、クローズドクエスチョンと次に説明するオープンクエスチョンを使い分けて、本当に言いたいことを推察する工夫も必要となります。

　オープンクエスチョンは、自分の考えた言葉で答える必要がある質問の仕方です。例えば、「どの地域で住みたいですか？」「どんな仕事がしたいですか？」という質問です。自分の言葉で答える必要があるので、答えに本心が反映されやすくはなるものの、考えることが苦手な人には答えづらい質問法でもあります。ただ、いきなり「どんな仕事がしたい？」と聞かれても、その人は仕事をしたくないと考えているかもしれません。その場合、答えづらくなったり、誘導に乗って本心と違う答えをしたりすることがあります。「どんな暮らしがしたい？」「どの地域に住みたい？」と初めに大雑把な質問をしてその人が望む生活の姿をつかみながら、「仕事はしたい？（はい／いいえで答えられるクローズドクエスチョン）」と質問して、「はい」と答えたら「どんな仕事がしたい？」と質問するなど、徐々に具体的な内容に絞っていく方が、会話のすれ違いを防ぎやすくなります。

　考えるのに時間がかかる人や会話が苦手な人にはイラストや写真、動画を見せて、自分のしたいこと、自分の言いたいことに近いものを選んでもらうという方法もあります。この方法でも、提示する選択肢が多すぎたり、イラストや写真からイメージすることが難しかったりする場合、考えるのが面倒になって適当に答えてしまうこともあります。提示した複数の情報の中から選ばせる場合、選択肢に、「どれも違う」「どれも嫌」「この中にない」といった「その他」を意味する選択肢を含めておくと、聞き取りにかかる時間は長くなりますが、意図しない質問者の誘導を避けやすくなります。

2. 聞かれたことをそのまま繰り返す人

　聞かれたことをそのまま繰り返す、または聞かれた内容の一部を繰り返して答える人がいます。これは、言われたことをそのまま繰り返す（オウム返しす

る）特性のある人に見られる傾向です。この傾向はエコラリアと呼ばれ、自閉症スペクトラムの特徴の一つですが、自閉症スペクトラムに限らず、難聴で聴き取れない、言われていることが難しすぎて理解できないなどの理由のために単純に反復している場合もあります。診断名にとらわれることなく、その人が会話の内容を理解して答えているかどうかを確認する姿勢が大切です。

　聞かれたことをそのまま繰り返してしまう人は、生活の場面でもさまざまな誤解を受けやすくなります。災害時や交通事故遭遇時に、人から「大丈夫？」と尋ねられた際に、本当はけがをしているのに「大丈夫」と、言われた言葉をそのまま繰り返すことで、救護や支援の必要性が見逃されてしまうことがあります。窃盗の疑いをかけられている状況で、「本当に盗んだの？」と尋ねられて、実際は盗んでいないのに「盗んだ」と答えてしまうこともありうるので、この傾向がある人への聞き取りは慎重に行う必要があります。対応としては、けがをしている場合であれば「大丈夫？」ではなく、「痛いところはある？」といった質問をすると、仮にそのまま言葉を反復したとしても、質問の内容を理解しないまま「はい」や「うん」や頭を縦に振る仕草をしたとしても、支援の必要性があると判断できます。

　本人の受け答えの様子や周囲の証言から判断して、事実と異なる返答をしている疑いがある場合は、「本人が認めているからそうだったんだろう」と流すのではなく、もうすこし掘り下げて事実関係を確認した方が良いでしょう。「〇月△日×時ごろ何してた？」「お店には何しに行ったの？」「その時そこにはどんな人がいた？」のように、具体的な状況を一つずつ丁寧に確認していくことで、質問を理解して答えているのか、反復や誘導で事実と異なることを答えてしまっているのかを判断しやすくなります。時間が経過していると本人もよく覚えていないことがあるので、支援者の日誌やお店のレシートなどのいつどこにいたかが記載されている資料を確認し、発言の裏を取ることが必要な場合もあります。

 3. ## 相手によって話す内容を変える人

　同じ質問をしているのに、相手によって全く違う説明をする人がいます。相手の性別や年代、見た目の雰囲気、話しやすさ、親しみやすさによって態度を

変えることもあります。支援者の対応に問題がなくても、支援者の姿や年代が
自分を虐待してきた人物に近いという理由で怖がって本心を言えなくなってしま
う人もいます。自分のことを親身に思ってくれる人に嫌われたくないという
理由で、本当のことを言うと見捨てられるのではないかと思い、事実と異なる
説明をしてしまうこともあります。ただ単に、記憶が混乱していて、別の日に
ちや場所で起こった出来事と混同して説明がちぐはぐになっている場合もあり
ます。

　以前言っていたことと全く違う説明をされると、つい叱責したくなりますが、
すぐに矛盾点を指摘すると態度を硬化させてその後何も言わなくなったり、余
計うその説明をしたりすることがあるので注意が必要です。矛盾した話をして
いても、その場では話に耳を傾けておき、① 後でほかの支援者や関係者と発
言の内容をすり合わせる、② 誰に対してどのようなことを言う傾向があるの
か、支援者間で情報共有することで、本当に言いたかったことや、実際に起
こったこと、その人が本心を言いやすい状況と言いにくい状況を推測しやすく
なります。

　同じ人であればいつも同じ説明をする傾向にあるのか、同じ人にも聞くタイ
ミングによって違う説明をしてしまう傾向にあるのかという点について支援者
間で情報共有しておくことが大切です。質問する人を変えてその人が落ち着け
る状況で話を聞くことで、本心や事実を言いやすくなることがあります。

4. 口頭での説明では理解が難しい人

　難しい用語を使った説明や質問が理解しづらい人、早口で言われたり多くの
ことを一度に言われたりすると混乱してしまう人、時系列で説明することが苦
手な人には、話し方や質問の仕方を工夫することで、聞かれている内容をイ
メージしやすくなります。具体的には、短く、わかりやすい言葉で質問する、
一度に尋ねる内容は一つに絞る（「昨日どこで誰と何をしてた？」と一度に尋ねる
のではなく、「昨日どこに行ってた？」と質問して答えが得られたら次の質問をす
る）、相手のペースに合わせて話す（ゆっくり話す人や答えるのに時間がかかる人
にはゆっくり尋ねる）という工夫をすることが理解しやすくなります。これに
加えて、字が読める人であれば紙に質問の要点を書いて見せる（昨日のお昼、

場所、一緒にいた人などを箇条書きにするなど）、イラストや絵カードを見せながら聞く、動画を見せる（本書で紹介している触法障害者どっとねっとの動画 https://shokuhoh.net/ もご活用ください）と、より理解しやすくなります。いつ、どこで、何をしていたか、何に困っているかを尋ねる際は、下記のようなチャートを用いて、指で刺しながら一つずつ確認するという方法もあります。

第 6 章

罪に問われた障がいのある人の受け入れ
── 現場の声から ──

1. 機会に恵まれなかった人とご一緒する再スタート　上野典子

　私は堺市で30年ほど障がいのある人と一緒に働いてきました。今のように作業所が制度化される前の授産施設と呼ばれた時代からの話です。現在は堺市で就労支援事業所をしています。

　本章の執筆のきっかけは編者の石野英司さんから罪に問われた障がいのある人の受け入れや支援について、これから取り組もうとする人たちに何かヒントになることを伝えてほしいと言われ、何を言えばいいものかと思いながらも、同じような想いを持つ人のお役に立てればと考え、お引き受けしました。

　罪に問われた障がいのある人の支援に関して、私の施設では罪に問われたかどうかは関係なく、私たちができることがあれば、基本、断ることはしません。その人に私たちでできることがあれば応援します。これは私がこの仕事を始めた当初から一貫してることです。身体障がいやダウン症など見た目で「困ってる感」がわかる人だけではなく、制度的に「障がい者」と認められる人とは異なる、福祉のメインストリームに乗りそこなった人と当時から関わってきました。わかりやすく言えば、法に触れることをしてしまう人、そして、本人も周りもその「困ってる感」に気づいてない人たちです。おそらく、当時の光景を見れば誰が支援者で、誰が今でいう利用者なのか、わからないような現場だったと思います。

1）居場所と役割

　罪に問われた障がい者という観点で言えば、私たちは警察でも裁判所でもないので、その人を批判することや罰することはしません。もちろん、悪いことをすれば「それはあかんで」と言いますし、できたことがあれば「できたね」と言います。これは前科の有無や利用者、支援者関係なく誰にでも言います。

人によって事情はさまざまですが、機会がなくて誤学習してしまった人、今まで機会はあってもそのチャンスをつかめなかった人、そして結果として法律の枠組みからはみ出してしまった人々。私たちのすることはその人と一緒に再出発を始めるということです。ですから、うちが最終到達地点ではなく、私たちはあくまでも中継ポイントという立ち位置です。

　人は誰でも失敗します。つい道を踏み外すこともあります。しかし、居場所とその人の役割、その人が信じられる人がいれば状況は変わります。私たちは、いつでもお迎えするしいつでもお見送りをする。ここならいてもいいと思ってもらえる場所を提供し、その代わりにその人にも自信につながる何らかの役割を担ってもらいます。私たちの役割は、その人が困った時に振り向いたら私たちがいる、その人が前を向いて進んでいる時はそのまま進んでもらって私たちの存在を意識しなくてもいい、そんな距離感での関わり方です。私は、常日頃、薄い壁で仕切られた長屋の女将のような関わりができればと思っています。その人がコホンとせきをすれば、大丈夫か？と声かけをし、ふだんは必要以上に立ち入らない、そんな関係です。

　うちに来てお日さまを浴びて帰る、家族以外の誰かと一緒に食事する、誰かにありがとうと言われる行動や体験をする、そのような日常を通して、自分がいてもいい場所、帰ってこれる場所、自分に役割があるということを感じてもらえればと思います。顔を見せてくれるということは安否確認にもつながります。

２）健康な人と関わる時間を増やす

　社会的な規範から逸脱してきた人は、暇があるとつい魔が差すこともあります。同じような行動をしがちな人の影響を受け、また法に触れる行為に手を染めることがあります。反対に、健康な人と関わると、健康な人の影響を受け、良い影響をもたらしやすくなります。多くの健康な人と関わることで、尊敬できる利用者さんと出会うことで、その人をモデルにして新しい出発のきっかけになることもあります。一人ぼっちになる時間を減らしてできるだけ多くの人と関わるようにすることで、その人自身のリスクだけでなく、地域のリスクを減らすことにもつながると思います。

　もう少し実践的な話をすると、刑務所などにいた経験のある人で、性的な逸脱に関わることについては、本人の努力だけでは改善が難しいことがあります。

原則としては、刑務所などで罪を償った人は、過去に罪に問われたことがあるという情報は個人情報に当たります。しかし、性犯罪のようなリスクの高い情報については、どの程度伝えるかはケースによっては異なりますが、本人への確認も踏まえた上でスタッフにある程度リスクを伝えておくことも必要な時があります。この辺りについては地域生活定着支援センターなどの関連機関や他の事業所と、適宜相談したり情報共有したりして対応しています。

３）再出発

　再出発をしようとする人には、居場所と役割、信じられる人が必要です。居場所（住むところや活動場所）があっても役割（自分のやること、やりたいこと）がなければしんどくなるし、役割（したいこと）があっても居場所（住むところやその人がいてもいい場所）がなければやる気を失ってしまいます。信じてくれる人、信じられる人がいれば、再出発しようかという気も起きますが、誰も自分を信じてくれないと思ってる人や誰も信じられない人は自暴自棄になりやすくなります。今まで活躍する機会に恵まれなかった人の再出発の応援にはこのような部分の支えが大切なのではないかと思います。

2. 罪に問われた高齢者と福祉

小名京子

１）刑務所を出所した高齢の方の受け入れ

　何らかの罪で刑務所にいたことがあり、社会とのつながりが希薄だった人の中には、何度も違法な行為を重ねて人生の大半を刑務所で暮らしてきた人がいます。このような人が罪を繰り返す背景には、社会の中で居場所や受け皿がないことが要因の一つとしてあります。食事にありつけ、安心して寝泊りできる刑務所は、社会から孤立し、福祉と縁遠い人にとって、結果的に最後のセーフティネットとなっているのです。刑務所にいれば、病気になっても治療が受けられます。高齢の方であれば介護を受けることができます。中には無銭飲食などの軽犯罪を繰り返し、何十年も刑務所で過ごしてきた人もいます。

　私は、当時運営していた軽費老人ホームで刑務所から出てこられた高齢の方を10人ほど受け入れていました。現在私は、高齢者だけではなく、もっと若い世代の再出発にも関わりたいと思い、障がいの分野にも携わっていますが、

これまでの私の経験の中から、これから罪に問われた方の受け入れをしたいと考える支援者の参考になればと思い、お話をさせていただきます。

２）スタッフへの説明

　"刑務所に入っていた人"と聴くと、スタッフの中にも「怖い人」「受け入れても大丈夫なのか」と思う人が出てきます。私が10年ほど前にはじめて刑務所にいた方を受け入れた時も、スタッフから戸惑いの声が上がりました。当時、私は高齢者福祉の現場で過去に矯正施設にいた方を受け入れる必要性を感じており、軽費老人ホームは良い受け皿となると考えていました。そして、定着さん（地域生活定着支援センター）と相談しながら受け入れ態勢を整えていました。

　そうは言っても、私一人の想いや力だけでは先に進めません。そこにはスタッフの理解と協力が不可欠です。スタッフ一人ひとり面談し、私の想いや受け入れの必要性を伝えました。そして、当時受け入れ予定だった方の面会での様子や感じたこと、印象を話しました。それでも不安に思う女性スタッフにはそのスタッフが泊りの時は必ず私も一緒にいるから安心してほしいと伝えました。面談を通してスタッフの理解を得ることができ、初めて刑務所から来られた方を受け入れた時のことです。その方と初めてお会いしたスタッフは拍子抜けしていました。事前に「会ってみたらふつうのおじいちゃんと変わらないよ」とスタッフには伝えていたのですが、それでも「いかつい人が来る」と身構えていたのでしょう。会ってみると本当に世間でよくいるような高齢の方だと改めて感じたようです。刑務所での"厳しい"生活の影響か、何かお声がけしても「はい」と返事をする方で、言葉づかいもふだんの態度もむしろ一般の高齢の方よりも丁寧な人でした。

　初めて受け入れる方がこのような穏やかな方であったおかげなのかもしれませんが、刑務所にいた方の二人目以降の受け入れの際には、スタッフもすんなりと受け入れてくれました。刑務所にいた方への支援については、スタッフには「他の方と全く同じ関わり方でいいよ」と伝えています。刑務所にいたかどうかに限らず、住み慣れたところを離れて新しいところで生活するのは誰でも不安に思うものです。必要な支援や配慮も、過去がどうかというより、その人の今抱えている困りごとやしたいことの方が重要になってきます。そのため、「特別扱いしない」という対応をうちではしています。

3）定着さんとの連携

　刑務所にいた方を受け入れようとする時に不安になる理由として、「私たちのところで本当にそのような方の受け入れができるのだろうか」という点があるかと思います。罪に問われた高齢者に限らず、困りごとを抱えている方のあらゆる課題を一つの施設だけで全部対応することには限界があります。

　この点については、私も特別調整の形で定着さんが後方支援してくれないと、受け入れは難しいと思っています。定着さんがスーパーバイザーの立場でサポートしてくれ、何か困りごとがあると相談もできるので、安心して受け入れることができています。最近ではスタッフも力がついているので、「ここは私たちでやりますから大丈夫です」と定着さんにお伝えすることもありますが、「他にもたくさんの案件を抱えているのにそこまで親身になって力を貸してくれるんですね」と思うくらい、定着さんとは緊密に情報共有ができ、本当にあらゆることに対応してくれます。その施設やスタッフの力量でどこまで対応できるかも含めて定着さんは一緒に考えてくれるのでその点は安心して良いかと思います。

4）再犯と再出発

　受け入れ後、穏やかに生活される方は多いですが、うまくいったケースばかりではありません。中には、残念ながらまた罪を犯してしまう方もいます。長年、住むところも安定せず刑務所を出たり入ったりする生活をしてきた人は、同じところで長期間住むという生活に馴染むのに時間がかかることがあります。同じ場所に居続けてしばらくするとそわそわしだす方もいます。刑務所出所後にうちに来られたある方が、ある時、急に「ここから出たい」と言い出したことがありました。どういう想いなのか受け止めようと思い、定着さんを交えてその方のお話を聴きました。

　それでも「出たい」とおっしゃるので、いったん落ち着かせるために部屋に戻っていただいて、少し経つと、部屋はもぬけの殻。窓から外へ出ていかれました。数日後、その方は自転車を盗ろうとしたところを自転車の持ち主に発見され警察に捕まりました。違法行為ですので司法の判断を待たなければいけません。弁護士さんに「矯正施設に戻すよりも、支援施設につなげた方がいい」と進言してもらいましたが、結局はまた刑務所に戻ることになりました。司法と福祉の温度差を感じた瞬間でもあります。ただ、捕まった後にその方が、

「また（うちの施設に）戻りたい」「これまで何度も刑務所を出たり入ったりしてきたけど、なんでこんなことしたのかと初めて後悔した」と口にされていたそうで、社会の中で居場所があり戻りたい場所があるということが、この人の人生を少し良い方向へ変えたのかなとも思っています。その方は、その後罪を償って刑務所を出所しました。残念ながら施設の空き状況の関係もあり、出所後にうちとのご縁はなかったのですが、現在は別の施設で穏やかに暮らしているそうです。人が再出発して立ち直ることは一筋縄でいかないこともあります。ただ、このような人の受け皿を作っていくことが、今まで社会とのつながりが希薄だった人たちの孤立を防ぎ、その人の居場所や新しい役割を見つける一助となるのではないでしょうか。

3.　今後の課題

石野英司・西塙美子

1）捜査・取り調べ段階での支援

　私たち（石野・西塙）が、罪に問われた障がいのある人と関わるようになった当初は、右も左もわからず手探りで動いていました。初めの頃は司法制度のこともよくわからず、いろんな人に助言を仰ぎながら、とにかく社会から孤立し困っている人の力になりたいと一心で彼らと関わってきました。現在では、法務省も再犯防止に力を入れており、刑務所などの矯正施設から出てきた支援の必要人に対する出口支援や、刑事司法手続き入口段階での入口支援で福祉につなげる取り組みが行われています。現在の入口支援は、多くの場合、国選弁護人がついた後から始まります。ただ、私たちの感覚からすると、「入口」というのはそれよりももっと前の段階、逮捕されて捕まった、または、逮捕される前の捜査の段階であり、早期の段階で手を差し伸べることが重要だと思います。

　例えば、日本語の理解が難しい外国人が逮捕される場合、逮捕する際の告知や取り調べには通訳がつき内容が理解できるよう配慮がなされています。しかし、知的障がいがあり、話している内容が理解できていないと分かっていても、障がい特性に理解のある人が分かりやすく説明するといった配慮がされることはあまりありません。そのため、捜査官の質問にオウム返しで返答してしまい、やってもいない罪を認めてしまうことや、被害者も否定しているのに実際に

やったことよりも大げさに大暴れしたかのように事実でない供述をすることがあります。運よく警察から支援者に連絡が来て、その人の特性を伝えることや聞き取りに立ち会うことができれば、誤解が生じることを防ぐことができますが、そうでない場合、特性が理解されないまま事実でないことを供述してしまう危険性が高くなります。今後、明らかにコミュニケーションに困難を抱えていると分かっている人、具体的には、手帳を持っている人やヘルプマークを着用している人には、聞かれている内容がをわかりやすく伝えるような合理的配慮が提供されていくようになればと願っています。

２）受け入れ後の課題とネットワークづくりの大切さ

　罪に問われた障がいのある人を受け入れる際にはさまざまな解決すべき問題が生じます。地域生活定着支援センターの助言を得ることで多くの問題は解消します。しかし、中には、受け入れた後かなりたった時点で思いもよらない出来事に遭遇し、戸惑うことがあります。

　例えば、（西塙が受け持った）あるケースでは、受け入れ後しばらくして、突然その方が竹林を相続で所有していたことが発覚しました。竹林が荒れ放題で近所迷惑しているとのことでうちに連絡が来たのですが、本人は説明を聞いても理解が難しい方ですし、生活保護を受けているので財産があると具合が悪いのでどうしたものかと悩みました。その後いろいろな人の助言も得て、不動産屋さんに売りに出して、売り出し中にしておけば、財産と見なされないということがわかり、売りに出す手続きをすることで事なきを得ました。また、（石野が受け持った）別のケースでは、累犯で何度も刑務所に入っていたため家族から疎まれていたため、親の死後の財産相続の際に、財産放棄するよう本人に説得してくれと家族から連絡が来たことがありました。本来なら、直接家族から本人に話してもらうのが筋ですが、家族はその方に対して良くない感情を持っているため、話はそっちでつけてくれとのことでした。中途半端に財産を相続すると、生活保護の打ち切りにもなることから、丁寧に本人に説明することで納得してもらうことができました。

　他にも、度重なる逮捕と刑務所への収監で家族と絶縁状態にある人のケースでは、家族から「二度とその施設から出すな」「私たち家族の近くに来させるな」といった要望が来ることがあります。本人への直接的な支援に関する事であれば地域生活定着支援センターの助言を得ることでたいていの場合乗り越え

られますが、思いもよらぬ角度から通常の支援とは異なる対応を迫られた時には、どうしていいものか困惑することもあります。罪に問われた障がいのある人の受け入れをした経験のある私たちのような支援者がネットワークを作り、何か困りごとがあった際に、「うちでは似たようなケースでこうしてた」「こういうやり方もある」といった情報共有ができるような関係性を構築しておくことで、一支援者や一施設だけでは対応が難しい困難なケースにも対応できるようになると思います。そのためにも、多くの人が力を合わせていくことが大事だと思います。

第7章

いわゆる虞犯少年、触法・犯罪少年との関わりとその更生支援

伊丹昌一

 ## 1. 虞犯少年、触法・犯罪少年たちとの出会い

　筆者は特別支援教育を専門としており、とくに発達症特性のある子どもたちの支援を実践的に研究しています。今は大学という研究機関にいますが、もともとは高等学校や特別支援学校で教員をしていました。

　初任者として勤務した高等学校がいわゆる"やんちゃ"と呼ばれる元気な生徒が通ってくる学校でした。大学の頃に描いていた教師としての夢と目の前にいる元気すぎる生徒たちとのギャップは大きなものでした。当時は若気の至りそのもので、「この生徒たちになめられてはいけない」という先輩教員のアドバイスの元、体力に任せて毎日厳しい視線を生徒たちに送りながら笑顔一つ見せずに否定ばかりで抑えつける「昭和型生徒指導」を万全の自信の中で行っていました。ちなみに担当教科は保健体育でした。

　生徒たちの中には、虞犯少年（一定事由のもと性格・環境に照らして将来罪を犯し、または刑罰法令に触れる虞「おそれ」のある少年）とされていた生徒や触法少年（刑罰法令に触れる行為をしたが、その行為の時14歳未満であったため、法律上、罪を犯したことにならない少年）、犯罪少年（罪を犯した14歳以上20歳未満の者）とラベルを張られていた生徒たちもいましたが、すべての生徒を力で抑えつけることにより、まるで聖人君子のようにしていたかのように誤解をして毎日を過ごしていました。廊下を歩いているだけで気を付けの姿勢であいさつをしてくれたり、授業開始5分前にはすべての準備を終えて姿勢を正して座ってくれていたりしている姿を見て、力こそが教育だと勘違いして嫌悪刺激を与えることを中心とした指導の中でまだ20歳に満たない純粋な高校生たちと関わっていました。

　ところがある日のこと、出張で学校を出る時に代わりの先生に授業を担当してもらったところ、あれほど指示に従ってくれていた生徒が普段と全く違う姿

を見せいていたことに大きなショックを受けました。忘れ物を取りに帰った時に見た姿は自分の目を疑うものでした。思い思いの勝手な姿で担当教員の指示に従うどころか悪態までついていたのです。この日の研修は何も頭に入りませんでした。この日以降、「厳しい指導」の在り方に大いに悩む日が続きました。

　十数年高等学校に勤務した後、大学時代から学んでいて、いずれはそちらを専門にしたいと考えていた特別支援学校に転勤する機会を得ました。そこでの生徒たちとの関わりは「笑顔でほめる」ことを中心とした関わりであり、前任校の高等学校での関わりと180度違ったものでした。最初はぎこちなかった笑顔も笑顔で肯定的に関わることによって前向きに変わっていく生徒たちの姿で当たり前に出せるようになりました。その時感じたのは、怖い顔をして否定ばかりで指導していたころは生徒たちは従ってくれてはいたものの、なぜか楽しくなかった日々が笑顔で肯定的な指導に替えたことにより自分自身も楽しくなっていくことでした。

　そのような実践を数年続けさせていただく中で、高等学校で関わってきた生徒の中には特別支援教育の対象ではなかったけれども、本当は生まれながらの特性からわざとあるいは勘違いで逸脱行動とみられるようなことをしているのではなく、どうしようもなく行っていたのではないかとの疑問を感じました。そう感じる中で、頭ごなしに生徒を否定して嫌悪刺激を与える指導をしてきたことが申し訳なく、このことを専門的に学びたいと感じていました。通常の教育課程で学ぶ生徒（高等学校）と、特別の教育課程（特別支援学校）で学ぶ生徒の狭間で適切な理解やその子に応じた支援を受けることができずにそのストレスや釈然としない思いをぶつけるために非行ととらえられないかような行動をしていたり、そのエネルギーを自分の内側に向けてしまい、自己否定や社会との接点を断つといった反応をしたりということになっていたのではないかと感じました。そこで、特別支援学校在籍中に大学院で研究するという貴重な機会を得ることができ、発達症（当時は発達障害）を研究しました。

2.　発達症について

　筆者が大学院で学んだのは2000年4月ころだったので、まだ「発達障害」という概念が定まっておらず、特別支援教育も特殊教育と呼ばれていたころで

した。どちらかというと「LD」という概念で特に知的な遅れのないものの、個人内の能力にアンバランスが強くて学習がうまく進まない子、こだわりやコミュニケーションの偏り、不注意、多動・衝動性等で困っている子どもをとらえていました。「軽度発達障害」として、それこそ軽く見られていたかの印象を持たせるようなとらえ方をされていたころもありました。

　そのような概念の中で、大学院の相談室に来てくれる子どもたちやLD状態の子どもの保護者の会に所属する子どもたちと関わらせていただいたり、実態を正しく把握するための個別式知能検査や知能検査を実施させていただく機会を得ました。その子たちの中にはその特性を正しく理解されずに、以前の私のように否定的対応ばかりされてきて、二次的に問題となるような行動をするようになってしまっている子どももいました。虞犯少年とされたり、触法少年、犯罪少年（いわゆる非行少年）も支援の対象とさせていただき、少年院や医療少年院（通常の少年院での教育が難しい少年を対象に「治療的教育」を行う少年院と身体疾患者・身体障害者・精神病などの心身に欠陥や病気のある少年を治療するための病院の機能を有する少年院）にも関わりを持たせていただき、さまざまな活動の中で支援させていただくという貴重な経験をさせていただきました。

　その後、2004年に「発達障害者支援法」が定められ、自閉症、アスペルガー症候群その他の広汎性発達障害、学習障害、注意欠陥多動性障害その他これに類する脳機能の障害であってその症状が通常低年齢において発現するものと定義されて、2007年からの特別支援教育の対象となりました。

　これらの法律はWHO（世界保健機関）の診断基準（国際疾病分類）に基づいて作成されていますが、2018年に改訂されて発達障害は神経発達症と表記されるようになりました。神経発達症は自閉スペクトラム症（ASD）、注意欠如多動症（ADHD）、発達性学習症（DLD）、発達性協調運動症（DCD、不器用な子ども）などがあります。この趣旨として大切なことは、人の生まれながらの特性を「障害」とするのではなく、それは「症状」であり決して否定的にとらえないということです。「障害」という言葉はなくなったわけではなく実在するのですが、それは環境との相互作用の中で本人が困っている状態を示す言葉となりました。すなわち、生まれながらの特性は「障害」ではなく「症状」であり、本人を正しく理解し、適切に支援することで困らない環境になれば「症状」として過ごしていけるということです。このように「障害」の概念そのものが変えられ、子どもの困難を軽減するために本人のみではなく環境面も工夫

して、本人を困った状態にしなければその子は症状とともに困らずに生きていけるということにほかなりません。そのためにも、生まれながらのやりにくさとなりうる発達症特性については正しく理解する必要があります。

　以下に発達症の例をあげていきます。

　自閉スペクトラム症（ASD）　「社会的コミュニケーションおよび対人的相互反応における持続的な欠陥」、「行動、興味、または活動の限定された反復的な様式」（ICD-11）といった特性を言い、知的能力と言語能力を切り離して考えるようになりました。

　社会性の困難については、社会常識やマナーにうといところがある、周りの人がどう思うか気にしない、人の感情を推し量れない（他者感情の理解が困難）、場にそぐわない言動をとる、人に協調できない、話の流れや文脈が理解できない、表情の変化を読み取れない、会話が一方的、話し方がぎこちなく、独特の言い回し等の姿が見られます。

　こだわりなどの同一性保持（限定・反復の興味活動）については、予定が変わることを嫌がる、気持ちの切り替えが苦手で応用が利きにくい、規則や習慣にこだわる、例外を認めず、妥協が苦手、感覚に敏感な部分と鈍麻な部分がある等の姿が見られます。

　注意欠如多動症（ADHD）　持続する不注意、多動性、衝動性の三つの特性があり（ICD-11）、男子には多動・衝動性が多く、女子には不注意が多いといわれています。

　不注意とは、遊びが続かない、話を聞けない、気が散りやすい、忘れっぽい、ランドセルや机周りが汚い等の行動特徴です。

　多動とは、目まぐるしい動き、じっとすることが苦手、静かにできないといった姿を表します。

　衝動とは、つい正解を答えてしまう、衝動的にうそをついて自分を守る、順番を待てないといった姿です。

　発達性学習症（DLD）　知的な遅れはないものの、読字不全、書字表出の不全、算数不全が見られる状態をいいます。

　具体的な姿としては、絵を書き写すことが困難（見本と同じように書けない）、

普段あまり使わない語句を読み間違える（特にカタカタが難しい）、読みがたどたどしく、流ちょうでない、簡単な計算ができない、くつの左右を間違える等があります。

　発達性協調運動症（DCD）　発達期より、協調運動スキルを身につけたり遂行したりすることが年齢やスキル学習あるいはスキル使用の機会と比べて著しく困難で、日常生活に支障をきたす状態をいいます。

　協調運動が、年齢などに応じて期待される水準と比較して、不正確、時間がかかる、ぎこちないなど、いわゆる不器用といわれる状態になり、転んだ時に手が出ない（顔から転ぶ）、ボタンを正しく止めることができにくい、キャッチボールが上手に出来ない、字が上手く書けない、箸を上手く使えない、靴ひもが結べない、縄跳びが苦手、自転車に乗ることができない、姿勢が崩れやすい、筆圧が弱く文字が上手に書きにくいなどの困難が見られます。

　このような特性を正しく理解し、それが意図的なものではなく不随意に起こるということを肝に銘じなければなりません。特に否定的に叱るだけの対応にならないようにすることが重要です。特徴を繰り返し子どもに当てはめて、子どもを正しく理解した対応をすることが求められます。環境との相互作用とは私たち支援者が子どもを正しく理解することも含まれることに十分に注意をしたいものです。

3.　二次症状・愛着障害

　発達症特性のあるの子どもたちは、一所懸命やっているのに勉強がうまくいかない、周囲から仲間はずれにされる、忘れ物をして先生から叱られる等、成功体験が少なくストレスを貯め込んで自信を失ってしまったりする場合があります。こうしたことの積み重ねで意欲を失ってしまったり、反抗的になったり、攻撃的になるなどいわゆる二次的な症状が出てくる場合もあります。

　また、生まれながらに発達症特性がないにもかかわらず、不適切な養育環境によって愛着障害になる場合もあります。

　愛着障害とは、幼少期の愛着形成に何らかの問題を抱えている状態をいい、

愛着とは、医学的には「特定の人に対する情緒的なきずな」を指します。もともと、愛着障害は心理学的用語であり、医学的には「反応性アタッチメント障害（反応性愛着障害）」と「脱抑制型愛着障害（脱抑制性対人交流障害）」に分類されます。

　子どもにとって、常に暴言を浴びせたり、暴力を振ったりするような養育者と一緒にいる時や養育者どうしが傷つけあっている姿を見せられるような生活を送っていると、安心して過ごせるどころか、いつ暴力を振るわれるかわからず、気を抜く間もないままに緊張した状態で過ごすことになるでしょう。心が休まる間がない状態が続き、その結果、過剰な覚醒状態を引き起こすことになり、生理的な緊張状態とハイテンションな気分が持続することになります。また、最愛であるはずの養育者から不適切な関わりを受けることにより、人に頼ることがうまくできない、苦しくて助けが必要な時でも、養育者に保護を求める努力ができないといったようにアタッチメント（情緒的なきずな）が形成できていない状態になります。その結果、人との基本的な信頼関係を形成することができずに、喜びや悲しみを表現しない、自己評価が低い、他の子と交流をしない、人を避けるような行動をとる、ちょっとした出来事で落ち込む、試し行動が多いといった反応を示すようになります（反応性愛着症）。周りに全く無関心な状態や対人関係の希薄さという視点で、自閉スペクトラム症とよく間違われることがあります。

　ネグレクト（養育放棄）等で寂しさを感じてしまう子どもは、誰かれかまわずに人にくっつく子どもになり（特に休み明け）、仲間と一緒に遊べない、誰にでもついていってしまう、衝動性が高く落ち着きがなくなるといった状態になることがあります（脱抑制型愛着症）。衝動性や落ち着きのなさという視点で注意欠如多動症とよく間違われることがあります。

　愛着に課題がある子どもの支援は多くの場合、愛着の再構築というマイナスからのスタートになり、難しさをともないます。愛着に課題があると思われた場合は、早期に理解し、適切な対応をすることが重要です。

　以下に米澤（2014）の示すチェックリストを掲載します（一部改）。

【愛着に課題のある子ども発見チェックリスト】

●多動
　・落ち着きがなく動き回る、次々にものをさわりながら歩く、座っていて

も前後左右にゆらぐ、月曜日に多動が激しくなる。ムラがないのは注意欠如多動症、自閉スペクトラム症は居場所探しで多動になる。

● 口の問題：自律課題
　・かみつく、指を口に突っ込む、指吸い、爪かみ、舌・腕・もの舐め、人を舐める、がっつき食い。
　・服装の乱れ、トイレ以外の場所での排泄、トイレの後始末をしない。
　・だらっとした姿勢、崩れた身体的印象。

● 人への接触（脱抑制型愛着症）
　・人にべたーっと抱きつく、まとわりつく、衣服に手を突っ込む。

● 床への接触：接触感欲求と包まれる安心感欠如
　・床に寝転ぶ、はい回る（安定と接触欲求）、寝技的にける。
　・靴や靴下を嫌う：知覚過敏による自閉スペクトラム症と違うのは、束縛を嫌い、安心を知らない、床との接触感を欲しがる（寝転ぶのも安定を求めるから）。履かせようとしてもごまかしたり適当に扱う。

● 危険な行動：高所・固いものを投げる・痛さへの鈍感さから
　・危険な行動をする、窓から出入りする、

● 愛情欲求：注目されたい行動・愛情試し行動・愛情欲求エスカレート行動
　・わざと友だちにいじわるをする（反応性愛着症）。
　・大人の様子をよく見ている
　・愛情試し行動（反応性愛着症）：これは許されるか試す（疑心暗鬼）、自作自演の事件を起こし反応を試す。
　・注意すると暗い顔になり、反抗する、咳き込む等の身体症状（受け入れられないから）。

● 自己防衛：目撃されても認めない
　・自己防衛：自分のせいにされることを恐れる（犯人捜しへの極端な拒絶反応→問われてもいないのに自分ではないと抗弁）

● 片づけができない
　・片づけしようとする意欲・気持ちが生まれない。

● 自閉傾向のある愛着症：籠もる・執拗なパニック的攻撃
　・脱抑制型愛着症、自閉スペクトラム症傾向があると教室でもフードを被る、帽子を被る、タオルで覆う、狭い戸棚に籠もるというような囲い行為をし、脱抑制性愛着症、注意欠如多動症傾向があると、裸足、衣服を

　　脱ぐ、ものをさわるなどの刹那的解放的感触を求める。

　このようなチェックリストを用い、愛着に課題のある子どもを発見した場合は、その原因論からアセスメントするのではなく、子どもが困難サインとして発信している行動について一刻も早く理解してあげてほしいと思います。

　反応性愛着障害、脱抑制型愛着障害の特徴は、発達症の「注意欠如・多動症（ADHD）」や「自閉スペクトラム症（ASD）」に似ているといわれています。発達症と診断された人の中にも、実は愛着障害の問題を持っている人がいる可能性があることを念頭に実態を詳細に判断していく必要があります。最も大きな違いは、発達症が生まれつきのものなのに対して愛着障害は養育環境による後天的なものである点であるといえます。

　基本的なケアとしては、二次症状も愛着障害も同じようなものであるといえます。安心して生活できる場を確保して、安心と安全を保障し、愛着の形成を最優先しなければなりません。しかし、二次症状のない発達症やその他の子どもと違って、試し行動や不適切な行動に対処するといった、マイナスからのスタートになることを覚悟しなければなりません。また、生活や学習の支援（基本的生活習慣の形成や基礎的学習のやり直し等）を行い、感情を育てることを意識しなければなりません。対人関係のゆがみへの対処や衝動コントロールと感情の把握（自分の気持ちを言葉に置き換えることができていない）、正しい自己認知をして自己をとらえなおすことも重要です。

　具体的な関わり方としては、ありのままの状態を受け入れることが大切です。そのことにより、支援者に対して安心感を持たせなければなりません。しかし、叱ってはいけないということはなく、子どもの安全が脅かされる時に叱ることに留意してください。また、求められたらできるだけ即時に応えることも必要です（特にネグレクトタイプ）。時には気分や仕草、トーンを合わせ、共感しつつ子どものきつい言葉の裏にある感情に気づくことも必要です。そのためには、子どもの言葉（一部でも）を繰り返すことも有効です。ただ、求められていないことには応えないようにしないと支援を行き過ぎて過保護となってしまいます。助言はせずに、無心に「聴く」ことが最高の支援と考えています。

　だからといって、ほめるばかりが教育や支援ではありません。「人として許されないこと」をした場合には、毅然とした態度で臨むことが当然です。ただ、目標行動の指導と混同しないことが大切で、あれも問題、これも問題と考えす

ぎずに目標を一つに絞ることが必要です。叱る時も、感情を交えず、いけないことをはっきり伝えるようにしてください。この時、「あなたはいつも遅刻してるので良くないね」というように人格を叱るのではなく、「先生は遅刻を許さない」というように行動を叱るようにするのがコツです。そして、即座に謝罪させる練習をさせてあげてください。とはいっても、経験上すぐに謝ることはできないので、誤らない子には先に謝ってみせるといった支援者や先生のモデリングが必要です。少しきつい書き方となっていますが、良くない行動を一つひとつ否定するのではなく、良くない行動に代わる正しい行動を丁寧に教えて、その時どのように行動すればよかったのかを一緒に考えるという対応をすることが大切だと思います。

　発達症の二次症状や愛着障害に陥っている子どもへは、「良くなった」より、良くするための過程が大事になります。根気よく向き合い続けることが必要です。暴言や不適切な言葉に対しても、何を訴えたいのかをじっくり聴き、妥当な自己表現を教えましょう。ただし、毅然とした態度は貫いてください。「今回だけは見逃してあげる」といった例外を作ることは、支援者や教員が約束を破っていることになり、悪い見本となってしまいます。また、支援者間にブレがあると余計に子どもは混乱しています。その子に関わる大人すべてが一貫した関わりをすることが大切です。だからといって否定的に見ることだけではなく、ここでも悪くない状態や少しでも改善できたことををほめることがポイントですね。時間はかかるけれども、いつかよくなることを信じ、大きな期待をし続けずに根気よく見守ることこそが最高の支援だと考えています。

注　ここでは専門用語としての「障害」を用いる筆者の考えを尊重し、「障害」を漢字表記にしています。

第8章

少年の更生

伊丹昌一

本章では、実際に支援した事例に基づく加工と創作事例を用いています。

1. 保護者から見放された特別支援学級に在籍する小学校5年生への支援事例

　担任の先生から、気持ちや行動のコントロールができず、暴言や他害行動に及ぶことが多く見られ、乱暴な振る舞い、思い込むと自分勝手な判断で行動してしまうことが気にかかっており、上手に気持ちを切り替えることが難しい子どもに対して、人や物に対して、適切な関わり・行動ができるようになるために、どのような支援をしていけばよいかという相談をいただきました。

　生育歴は就学前に通園施設で言語訓練を受けるという状態で言葉の遅れが見られていました。小学校2年生より、母親の居所不明により施設に預けられ、現在に至っています。幼少時には義父からの激しい暴力に合い、施設でもいじめの被害や仲間はずれに合うことが多かったという状況でした。

　クラスではべたべたと担任の先生（30代女性）に関わることが多く、その日の時間割など、不安に思っていることを何度も聞いて確認する様子が見られていました。誰かがほめられること（自分も）を極端に嫌い、「死ね！」が口癖でした。学力（国語・算数・その他）に関しては、読字、書字は非常に嫌がるが、赤鉛筆で書いた文字をなぞらせると書けました（特別支援学級の担当の20代の男性の先生がサポート）。筆圧は自信がないのか、非常に弱かったです。一ケタの足し算・引き算はできますが、繰り上がり・繰り下がりの計算は難しい状態でした。時計を読むことはできていました。授業中の居眠りや授業妨害（大声で歌う、立ち歩く）が多い反面、気分が前向きになると先生を独り占めするかのように質問しまくり、先生がその質問に答えない時は、卑猥な言葉や、小学生が使う可能性のない不適切な言葉で騒ぎ立て、担任（30代女性）をののしるために、指名せざるを得ない状態でした。

　行動・社会性の特徴としては、友だちと関わりたい気持ちはあるのですが、殴る蹴るなどの乱暴な行動に出る、友達の活動が終わるのを待つことが難しいなど、衝動的な言動・行動が多くみられたため、同級生からは避けられていました。しかし、最近は本児に追随して不適切言動や授業中の徘徊をする児童が出てきてしまいました。会話は語彙が少なく幼いが、芸能・スポーツに関する話や猥談は長けているというアンバランスな状況でした。場面・状況を理解して行動を切り替えることが難しく、自分の思うままに今を生きているといった感じでした。時折、空間を見つめて涙ぐむことがありました。運動は不器用さがあるために好まず、片付けも苦手で放置すると部屋に荷物が散乱するという状態でした。

　言語・コミュニケーションでは、言葉の理解や表出は流暢ですが、状況に合わないことやちぐはぐな発言も見られました。言葉は豊富だが（特に言い訳の時）、本当に理解していないことが多かったように思います。しかし、わからない時には「教えて」と上手に甘えることができ、自分から助けてということができていました。朝から機嫌の悪い時や自分の思いが通らない場面では暴言（うるさい、死ね、ボケ等）を吐くことが多かったです。声の音量調整が難しく（興奮が高まった時に急に大声になる）、不適切な行動をおこした時、誰が見ても明らかに自分に非がある時でさえ、決して他者に謝ることはしませんでした。頑として相手が悪いと言い張る時の表情はこれまで背負ってきた辛さを表現しているようでした。

　好きな活動や興味関心は、パズルや塗り絵、コンピューター操作（お絵かきソフト）を施設で行っていました。アニメの漫画が大好き（なぜか悪役のキャラが神）。施設でお兄ちゃんと囲碁をする時もあるようです。精密な機器の組み立てが好き（CD デッキ等を分解して再生する）で大好きなアニメキャラのプラモデルを作ることが夢のようでした。

　面談や心理検査の結果からは、全体的な知的能力は低いものの、視覚的に物事をとらえたり形通りに再生したりする力が強く、時間をかけて形を回転させたり推理したりする力が強かったので、特別支援学級の先生と共に個別の指導計画を作成し、この強みを生かした指導をしていただくようにしました。ただ、特別支援学級の担当の先生は、過去にいじめの被害に遭った対象者である兄や義父と雰囲気が似ていたため、本児のことを理解して指導しようとしていたにもかかわらず、一見して「悪い人」と決めつけ、気持ちを開かなかったようで

す。逆にクラス担任は本児の理想とする先生だったようで、愛着を求めて逸脱行動までしてしまうという状況と判断しました。

　そこで先生方には本児の特性（愛着障害）とこれまでの生育状況を共有していただき、試し行動に揺らがない一貫した対応をしていただくようにしました。私が本児と関わる時に、「あほか！お前は」 ➡ 「先生はかしこいよ」、「ダサいかっこしやがって」 ➡ 「先生のスタイルはさわやかです」、「死ね！」 ➡ 「生きる！」と試し行動に引っかからずに淡々とリフレーミングしている様子を見ていただき、この人には何を言っても悪い行動には関わってもらえないということを学んでいただきました。そして、本児ができることを指示してできた時に当たり前のことでもほめることによって、徐々に指示に従うようになっていく姿も見ていただきました。

　その後、先生方で対応を考慮していただき、本児の特性の肯定的な部分を刺激する指導（小さな木片を組み立てて漢字を作る、状況に応じた適切な言葉を教えてもらうことで適切な語彙を増やす等）をして、本児が生活する施設職員にも共有していただきました。施設では学校や施設内で目標が達成された時にシールを１枚張ってもらい、それが100枚たまれば本児が希望するプラモデルをもらえるということを目標に、徐々にきつい言葉が穏やかになってきているようです。特別支援学級の先生にも心を開き、頑張った後にはスキンシップをとってもらっているようです。

　過去に背負った不幸をこれからの肯定的な関わりで払拭してくれることを願っています。

2.　高い知能を有するアダルトチルドレンの中学生の支援事例

　自尊感情の低下により、自傷行為（リストカットやオバードーズ）を繰り返している中学校２年生男子生徒（通常の学級在籍）、不登校の状態が続いています。

　小学校高学年と中学校１年時は不登校の時期あり、診断は自閉スペクトラム症と発達性学習症（書字）となっています。

　この生徒は博識で弁がたち、何気ない日常のありふれた視覚刺激からイメージが広がり雄弁に語りだすという特徴がありました。例えば同級生がふざけ合っている姿を見て、格闘技のテレビ放映の影響についての是非を流ちょうに

語る等、家族構成は母と本人の二人家族で、母親には薬物依存傾向がありました。幼少期から母親の過保護・過干渉・過期待のもとで暮らしていたので、思春期になり自立を求めてか、母子ともに互いの言動に刺激されてしばしば口論になりがちでした。小学校5年生から現在まで通級指導教室（通常の学級籍で週1〜8時間教室から抽出して特別な個に応じた指導を受けることができるシステム）を利用し、教室に入れない時にも通級指導教室には来ることができる日がありました（先生との関係も良好）。通常の学級では書字に対する分量の配慮はしてもらっていましたが、意味のない労力を強いられることに反発（漢字が書けないから50回ずつ書く等）することが多く、特性を理解できない先生とのトラブルが続く毎日でした。

　家庭では病気（精神疾患）の母親に成り代わり、食事の用意や家事を本人が行っていました。母親の情緒が不安定になる時には、本人が寄り添っていました（ヤングケアラー）。しかし、コンビニでの弁当やインスタント食品を利用していることも多く、入浴や洗濯ができずに、不衛生な時もありました。彼自身の集中力には波があり、コントロールが難しい状態でした。過集中して頑張った後は、抜け殻のようになることが多かったようです。言語能力や視覚的な推理力はかなり能力が高いが、ワーキングメモリーや処理速度は低いという結果が個別式知能検査であるWISC-Ⅴからは出ています。しかし、平均した知的能力は非常に高く、言語能力や視覚的推理能力には特異な能力を有していたので、いわゆるギフテッドであったと思われます。高い知的能力のおかげで、授業を受けなくても成績は学年で10位以内の成績をとってはいるものの、各授業における課題提出がなく、出席率も悪い状態でした。各教科の授業担当教員との言葉のとらえ違いからのトラブルが多かったようです（例：先生が慰めるつもりで「あほやなぁ」といった言葉を字義通りに受け取り、「俺のことを馬鹿にするのか！」と反発するといったこと）。

　母親の言葉の意味のとらえ方にも少し違和感があり、地域の中学校での対応は、特別扱いはできないとの理由で、これまでに小学校で行ってきた支援は無しになったということです。しかし、よく話を聞くと通常の学級在籍で通級指導教室も適応されていなかったので、抽出しての授業は確保できないといったことをこのようにとらえていたようです。

　ある授業で、言葉を字義通りにとらえる姿をクラスメイトの前で先生からきつく注意を受け、登校を再び渋るようになってしまいました。この結果、自宅

で自分を責めることが増え、リストカットを繰り返し、睡眠薬（母が処方されているもの）の多量服用（オーバードーズ）で病院に運ばれる案件が起こってしまいました。母親は特別支援教育コーディネーターに救いを求めましたが、そのような人物はいないと言われたようです。ところがここでも誤解があり母親の話は3時間程度続くので、学校長の判断で特定の教員が話を聞くのではなく、全教員で分担するということをこのようにとらえていたようです。結局、この学校には1年生途中で登校しなくなり、私立の中学校に転校しました（以上、母親談を中心に）。

　私立の中学校での新生活なのですが、母親によると個に応じた支援をすることが前提の学校で、保護者と担任、生徒に関わる全担当教員間ASD特性の共有（伊丹担当）、書字活動に対する配慮（ICTの活用）、某大学最先端研究プロジェクトとも連携（中学生では当時実施されていなかったので、母親の希望的妄想？）したということでした。

　転校当初からディベート活動に能力を発揮し、担任の配慮でディベート同好会（部員1名）を立ち上げてもらい、いきいきと活動していたようです。この学校において、週に2単位時間、自立活動（特別支援学校の指導領域で、一人ひとりの教育的ニーズに応じた指導を行えるシステム）の指導を受けさせたいということでしたので、修士課程を修了し、公認心理師と特別支援学校教員免許状を持つ私の大学院修了生を臨時にカウンセラーとして採用していただき、カウンセリングと自立活動の指導を週に2単位時間実施してもらいました。

　自立活動は、「人間として基本的な行動を遂行するために必要な要素」と「障害による学習上または生活上の困難を改善・克服するために必要な要素」で構成されている領域です。児童生徒一人ひとりの状態に合わせて、6区分27項目から必要な要素を選び出し、それを具体的な指導として構築するようになっています。

　この生徒に関する収集した情報をもとに自立活動の区分に即して整理すると、「心理的な安定」、「コミュニケーション」において課題が見られたので、集めた情報から課題を抽出し、課題同士がどのように関連しているかを整理し、中心的な課題を導き出して1年後の姿の観点から整理することにより、指導目標（ねらい）を記すと、「もやもやとした気持ちを流ちょうな言葉で明確化することにより、ポジティブな言葉で教員に伝えることができる」となりました。具体的な指導については、週に2回、抽出の時間を作り、カウンセラーと受容と

共感によるラポートづくりをするなかで、漠然とした感情を得意な言語能力で言語化することにより「○○（状況）なので、○○（感情）なんだ」と自己を冷静にとらえるようにすることをメインに実践してもらいました。また、カウンセラーの得意とする認知行動療法により、事実とそれに対する考えのかたくなさを視覚化して緩めていくトレーニングの実施をしてもらいました。3学期のほぼ1学期間の実践を通して、かなり不快な感情を言葉で表現できるようになったので、次年度からは当該校の先生に指導をお願いして終結としました。

　その後も順調に登校し、国立大学進学に向けて一生懸命頑張っているようです。

3. 暴力により友達を死に至らしめてしまった高校2年生男子生徒の支援事例

　この少年と出会った時には、本当のそのような事件を起こしたのかと思えるほど、素直で穏やかな感じの少年でした。面談や処遇計画（対象者一人ひとりの個性、長所、進路希望、心身の状況、非行の傾向等を十分考慮し、個別的必要性に応じた処遇を行う必要があります）作成のためのアセスメントとして、個別式の知能検査（WISC）を実施した時も一生懸命集中して取り組んでくれていました。検査結果からは平均より少し上の知的能力を有していたもののコミュニケーションに課題が見られ、語彙力は豊富だったのですが、状況に応じた語句の運用や一方向的なコミュニケーション、事務処理速度の低下等が見られました。就学前の4歳の時に自閉スペクトラム症（当時は高機能自閉症と診断されていました）を診断されて療育を受け、小学校・中学校では通常の学級で担任の先生からの支援で一日も休むことなく学校に通っていたようです。しかし、粗大運動・微細運動が不器用なことやかみ合わない会話からいじめの対象となることが多く、友達は誰もいないという環境の中で生活していました。

　高校生活はそれほど問題なく過ごしていたのですが、幼いころから被害に遭っていた級友からのいじめで、本人曰く、「テレビで見た漫才師が相方の頭をたたく様子」をまねて首の部分を空手チョップのような形で思い切り殴ったところ、気を失って倒れ、打ち所が悪くて命を落としてしまったという事です。笑顔で「やめてくれよ！」と振り回した手の当たり所が悪かったのでしょう。

　面談からも自閉スペクトラム症のような特性が多く見られました。素直に話

し合いには応じるのですが、聞いた内容に答えるということではなく、自分の思いをゆっくりながらも一方的に訴え、感情が高ぶった時には小さな部屋に声が響き渡るほど大きな声で話すという姿も見られました。検査時には鉛筆を用いて筆記してもらうという課題があるのですが、興奮すると鉛筆の芯を数回折るという、力のコントロールの難しさから不器用さにつながっているのではないかと思えるような姿も見せてくれました。これらの特性は自閉スペクトラム症と診断されている子どもによくみられるような特性で、彼らは見えないものの理解が困難になるといわれており、人の気持ち、力の強さ、声の大きさ、時間の流れ等見えないものの理解が難しいのではなかったのではないかと仮説を立てました。検査後にこのことを本人に確認すると、大きくうなずき、幼いころからこのようなエピソードは頻繁にあったということでした。これらの情報を職員に伝え、見えないものを言葉や図で示すことで理解しコントロールするようなトレーニングを入れていただくことになりました。

　高校生が級友を殺めてしまうといったショッキングな見出しに驚かれたと思いますが、本人に悪意や殺意はなく、力のコントロールの苦手さからこのような残念な結果となってしまったと思います。被害に遭われた保護者や関係者の皆様はたとえ悪意がなくても命を奪われたことに変わりなく、この少年を一生許すことができないかもしれません。元気に今も生きている加害者を見るたびに何とも言えない気持ちになることと思います。しかし、この少年側から見ると幼少時からのいじめや仲間外れ、対人関係の困難、理解されにくい特性があったことも事実です。事件を起こしてしまってからの支援は非常に難しいと感じます。できるだけ早期に一人ひとりの困難の背景や特性に気づき、早期から支援してこのような残念な事件（事故）を予防することが重要だと考えています。

4. 子ども・支援の必要な人に関わる人や地域に知っておいて欲しいこと、今後の課題など

　いわゆる虞犯少年、触法・犯罪少年については、衝撃的な事件という結果のみが切り取られて報道され、その背景について深く語られることはありません。また、事件後に発達障害と診断され、まるで発達障害のある子が危険な子であるかのような誤解を生む報道もなされています。今回の事例でも示したように、

事件の背景には生まれながらの特性の無理解や養育環境の問題等があることが多いです。このことを充分に理解して非行少年たちの関わりを考えなくてはならないと思います。

　安易に彼らを大目に見ろということではありません。憎むべきは犯罪となる行為であり、個人ではないはずです。結果としては、起こしてしまった罪は問題となる行為については毅然と接するべきだと思います。しかし、いろいろな少年たちを関わる中で得た答えは、生まれながらに罪を犯す子どもはいないということです。一人ひとりの子どもの実態を正しく把握しない中での教育や養育、不適切な関わりをすることでこのような辛い状況に陥っていることも理解しなければなりません。変わるべきは社会のシステムであって、子どもだけではないと思います。特に義務教育後の子どもたちのサポートシステムの充実が必要であると思います。矯正教育よりも予防が必要です。社会もこのことに目を向け、この子たちの正しい理解と予防システムの構築を図ってほしいと思います。この世に生を受けたすべての子どもたちが幸せは生活を送ってくれることを心から願っています。

注　ここでは専門用語としての「障害」を用いる筆者の考えを尊重し、「障害」を漢字表記にしています。

第9章

少年法と
令和4年4月1日改正のポイント

末永貴寛

　少年法等の一部を改正する法律の施行により、令和4 (2022) 年4月1日から少年法が改正されました。ここでは、少年法という法律の概略を説明するとともに、改正された内容について説明します。

1. 少年法とは

　少年法とは、少年の健全な育成を目的とする法律で、少年の刑事事件につき、成人と異なる特別な取り扱いを定めている法律です（少年法1条）。少年法は、20歳に満たない者につき、「少年」としています（少年法2条）。性別は問いません。少年の刑事事件は、捜査の結果、犯罪の嫌疑があると検察官が考えた事件は、すべて家庭裁判所に送られることになります（全件送致主義。少年法42条1項）。成人のように、起訴猶予（捜査の結果、犯罪は認められるが、検察官の裁量により公判請求等しないこと）の制度はありません。

　家庭裁判所では、少年審判において、保護観察処分や少年院送致処分などの保護処分の決定を行うことになります。保護処分は少年の健全育成を目的とした教育的働きかけです。家庭裁判所は、少年の保護処分を決めるにあたって、犯罪に関わる事実にだけではなく、少年の生育歴（生い立ち）、家庭環境、生活環境、本人の性格や特性など要保護性に関する事実も調査を行い、保護処分を決定します。調査は、心理学、教育学、社会学等の専門的知見を持った家庭裁判所調査官が行います。また、調査にあたって、少年が少年鑑別所に収容され、そこで、鑑別技官や法務教官により、行動観察や心理鑑別がなされることがあります。

　ただし、一定の重大事件について、家庭裁判所は、審判において、原則として検察官送致決定（逆送決定）をしなければならないとされており、逆送決定がされた場合、少年は成人と同じ刑事手続を受けることになります。

2. 少年に対する処分の種類

　少年の刑事事件に関する処分を保護処分と言います。保護処分は、少年の健全育成を目的とした教育的処分です。

　保護処分には、① 保護観察処分、② 児童自立支援施設または児童養護施設送致処分、③ 少年院送致処分の三つの処分があります（少年法24条 1 項）。

　① 保護観察は、社会内において、保護観察官や保護司の指導・監督のもと、更生を図る制度です。一般には、少年が生活する地域に在住する保護司と 2 週間に 1 回程度面談し、生活状況等を報告したりします。

　② 児童自立支援施設または児童養護施設送致処分は、少年を施設に送致し、施設での生活全般を通じて、少年に教育的働きかけや職員による家庭的な関わり合いによる支援等を行うことになります。この処分は、少年が若年（おおむね13歳まで）の場合に選択されることが多いです。

　③ 少年院送致処分は、少年を少年院に送致し、少年院において少年に対し矯正教育を施すことになります。短期処遇の場合 6 か月、通常（いわゆる長期処遇）の場合11か月の期間が目安となります。成人と異なり、期間がくれば当然に出院できるわけではなく、矯正教育の進捗具合により、期間が伸びる場合があります。

　なお、一定の重大事件、具体的には、16歳以上の少年で、故意の犯罪行為によって被害者を死亡させた事件について、家庭裁判所は、原則検察官送致決定（逆送決定）をしなければならないとされています。この場合、少年は、検察官送致後、起訴され、成人と同じ刑事手続を受けることになります。また、令和 4 年 4 月 1 日より、事件当時18歳・19歳の「特定少年」については、原則逆送の対象となる範囲が上記の事件より拡大されました。これについては、後述の改正のポイントの項で詳述します。

3. 少年事件の流れ

■ 少年の一般的な手続について

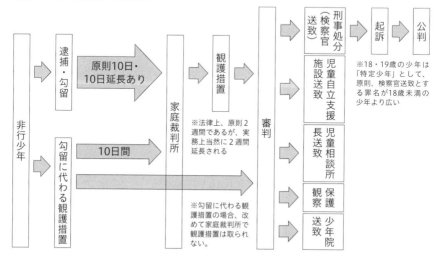

■ ぐ犯少年・触法少年の一般的な手続について

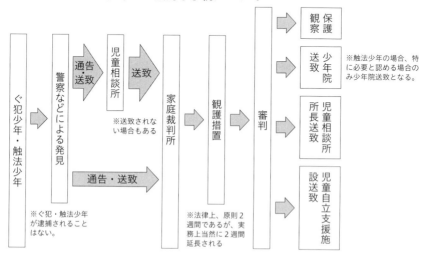

■ 成人の一般的な刑事手続き（認め事件）について

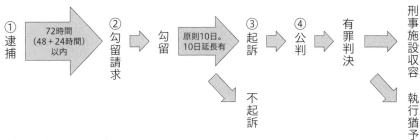

① 逮捕後勾留請求されず、釈放される場合もあります。
② 勾留請求を裁判所が却下すると釈放されます。
③ 勾留満期に検察官は、公判請求を行うか（起訴か不起訴）を決定します。不起訴の場合、満期で釈放されます。
④ 公判請求後、保釈請求が認められ、保釈金を納付すると、身体拘束が解かれます。
※ 各地の弁護士会に当番弁護士制度があり、身体拘束を受けている者に対し、1 回無料で弁護士を派遣できます。

1）少年犯罪の近年の傾向

　近年、少年犯罪は減少傾向にあります。「令和 4 年版犯罪白書」によると、少年の刑法犯の検挙人数は平成16（2004）年以降、減少し続けており、令和 3（2022）年は、戦後最少を更新する 2 万399人であると報告されています。罪を犯した時に16歳以上であった少年による、故意に被害者を死亡させて処分された少年の数は平成27（2015）年32人、平成29（2017）年17人、令和元（2019）年10人と報告されており、重大な罪により処分された少年も同様に減っています。重大な少年事件が発生すると大々的に報道されるため、少年犯罪が増加、凶悪化しているという印象を持つ人もいますが、統計上、少年犯罪は一貫して減少しており、重大な事件も減少傾向にあります。

2）少年に対する処分の種類
① 改正経緯

　選挙権年齢や民法の成年年齢が18歳に引き下げられることに伴い、少年法の適用年齢についても現在の20歳から18歳に引き下げるべきではないかという議論が起こりました。法制審議会で議論が重ねられた結果、18歳・19歳の少年であっても、類型的に未成熟で可塑性に富む者であることから、引き続き、少年法の適用対象とすることになりました。ただし、18歳・19歳の少年につ

いては、「特定少年」として、18歳未満の少年とは一部異なる取り扱いがされることになりました。

　少年法の適用年齢については従前どおり20歳とされたため、少年法の基本的な枠組み、具体的には、全件送致主義や、少年鑑別所での観護措置、家庭裁判所調査官による調査、保護処分などは変更ありません。ただし、以下に述べるいくつかの点で、18歳未満の少年とは異なる取り扱いがされることになりました。

② 原則逆送対象事件の拡大

　少年法では、少年につき刑事処分が相当とするいわゆる原則逆送の対象となる事件の範囲につき、「故意の犯罪行為により被害者を死亡させた罪の事件であって、その罪を犯すとき16歳以上の少年に係るもの」とされていました（少年法20条2項）。

　これにつき、18・19歳の特定少年については、その範囲を上記に加え、「死刑又は無期若しくは短期一年以上の懲役若しくは禁錮に当たる罪の事件であって、その罪を犯すとき特定少年に係るもの」（少年法62条2項2号）に拡大されました。

　これにより、強盗罪、強制性交等罪、非現住建造物放火罪などが原則逆送の対象に含まれることになりました。

③ 推知報道禁止

　少年については、氏名、年齢、職業、住居、容ぼう等によりその者がその事件の本人であることを推知できるような報道が禁止されていました（少年法61条）。

　これにつき、改正により、特定少年の時に犯した罪によって起訴された場合（略式請求された場合は除く）、起訴された段階で推知報道の禁止が解除されることになりました（少年法68条）。起訴後は、特定少年の推知報道禁止が解除されることで、報道機関は、少年の実名やその容ぼう等につき報道が可能になりました。これにより、インターネット上で少年の情報が半永久的に残り、将来の更生に影響することなどが懸念されています。

④ 特定少年の保護処分

　特定少年に対する保護処分では、改正により、保護観察は、① 6カ月の保護観察と② 2年の保護観察の2種類が定められることになりました。なお、② 2年の保護観察では、遵守事項違反があった場合、1年を上限として少年院に収容できる期間を定めて決定されることになります。少年院送致は、審判において少年院送致決定を行うに際して、少年院での収容期間の上限を3年以内の範囲で定めることになりました。

　そして、少年が特定少年である場合には、「犯情の軽重を考慮して相当な限度を超えない範囲内」で、保護処分を決めなければならないとされています（少年法64条2項）。

⑤ ぐ犯の適用除外

　特定少年については、将来罪を犯すおそれがある少年であるぐ犯少年（少年法3条1項3号）の規定は適用されないことになりました（少年法65条1項）。

　ぐ犯の規定は、国家が後見的な観点から、罪を犯す前であったとしても、少年法3条1項3号に列挙されている事項が認められる場合、少年法の適用の対象とし、家庭裁判所調査官による調査や鑑別所における心身鑑別、保護処分による教育的働きかけをすることができました。

　特定少年については、社会における責任ある主体として、また、責任主義の観点からも罪を犯す前に保護処分等をすることは相当でないとして、ぐ犯の対象からは外されました。

　これにより、18・19歳で、ぐ犯の規定により支援を受けることができていた者が支援の枠から外れることになるため、居場所つくりやその他支援を強化する必要があると言われています。

4.　令和4年刑法改正のポイント

　令和4年（2022年）6月17日に「刑法等の一部を改正する法律」（令和4年6月17日公布・法律第67号）が可決しました。この改正刑法は公布日から3年以内に施行されることになっています（侮辱罪の法定刑の引上げについては、2022年7月7日に施行）。

　主な改正点としては、懲役刑・禁錮刑が廃止され、拘禁刑に一本化されること、また、侮辱罪の法定刑の引き上げがなされることになりました。懲役刑・禁錮刑を廃止し、拘禁刑に一本化することは、罪を犯した者につき、懲らしめではなく、改善更生・社会復帰を志向するもので、日本の刑事処遇についての大きな転換点と考えられます。

1）侮辱罪の法定刑引き上げ（2022年7月7日施行）

　侮辱罪は、事実を摘示しなくとも、公然と人を侮辱した者は、侮辱罪の適用がなされます。公然と人を侮辱とは、不特定または多数の人が認識できる状態で、他人に対する軽蔑の表示を行うことをいいます。

　改正前の侮辱罪の法定刑は「拘留又は科料」[1]でしたが、改正後は「1年以下の懲役若しくは禁錮若しくは30万円以下の罰金又は拘留若しくは科料」に引き上げられました。この改正は、インターネット上での誹謗中傷が社会問題となっていること、そして、その誹謗中傷を抑止すべきという国民の意識が高まっていることから、法定刑を引き上げ、厳正に対処すべきとの法的評価を示し、誹謗中傷を抑止するとともに、悪質な侮辱行為につき厳正に対処する必要から定められました[2]。

1）拘留とは、1日以上30日未満、刑事施設に拘置する刑（刑法16条）、科料とは、1,000円以上1万円未満払う刑（刑法17条）をさす。
2）法務省　侮辱罪の法定刑の引き上げ Q&A「改正の概要」より。
　改正後は、自由刑のうち、「懲役」と「禁錮」が、「拘禁刑」に一本化されます。
　創設された拘禁刑についての条文は、下記のとおりです。

（拘禁刑）
第12条　拘禁刑は、無期及び有期とし、有期拘禁刑は、1月以上20年以下とする。
　2　拘禁刑は、刑事施設に拘置する。
　3　拘禁刑に処せられた者には、改善更生を図るため、必要な作業を行わせ、又は必要な指導を行うことができる。

2）懲役刑と禁錮刑が廃止され、拘禁刑となる

　改正前は、受刑者の身体の自由を奪う刑罰には、「懲役」、「禁錮」、「拘留」がありました。懲役は刑事施設に拘置して、刑務作業に従事することが義務付けられる刑で、禁錮は刑事施設に拘置する刑で、刑務作業は義務付けられていません。ただし、現状は、禁錮刑に処せられたものも大半が自発的に刑務作業

に従事しています。そのため、「懲役」と「禁錮」を分ける実益が乏しいのではないかと言われていました。

　また、政府の方針として、再犯防止を掲げており、そのためには刑務作業のみならず、更生プログラムや被害者の心情理解等、再犯防止を目的とした指導が必要でしたが、法律上、懲役刑は、刑務作業に従事することが義務付けられていたため、そのための十分な時間の確保が課題となっていました。

　改正前は「懲役は、刑事施設に拘置して所定の作業を行わせる」（刑法12条2項）とされ、刑務作業が義務とされていましたが、改正法では、拘禁刑につき「改善更生を図るため、必要な作業を行わせ、又は必要な指導を行うことができる」（改正刑法12条3項）とされ、刑務作業については義務ではなくなりました。

　これにより、従来の懲役刑で行われてきた刑務作業だけではなく、受刑者の特性や年齢に応じた再犯防止のための更生プログラム、矯正教育や指導に時間を割くことができるようになります。例えば、高齢の受刑者には認知症予防のトレーニングやリハビリなどのプログラム、若い受刑者には、就職や社会生活に必要となるスキルや知識、学力が習得できるようなプログラムを提供することも可能になります。

　また、自由刑のうち「拘留」は改正後の刑法にも残っていますが、拘置を定める条文に「拘留に処せられた者には、改善更生を図るため、必要な作業を行わせ、又は必要な指導を行うことができる」（改正刑法16条2項）という条項が加えられており、拘留においても、更生に必要な指導等を講じることが可能になりました。

3）再度の執行猶予が可能な年数の上限が1年から2年に引き上げ

「再度の執行猶予」とは、執行猶予期間中の者が罪を犯した場合、「情状に特に酌量すべきものがあるとき」、再度、執行猶予付の判決を受けることができるというものです。

　改正前は、執行猶予中に犯してしまった罪に対して、再度、刑のすべての執行猶予を受けるためには、執行猶予中に犯した罪につき「1年以下の懲役又は禁錮」の判決が言い渡された場合に「情状に特に酌量すべきものがあるとき」に認められる可能性がありました。

　改正後は、上記の「1年以下の懲役又は禁錮」を「2年以下の拘禁刑」と上限が1年以下から2年以下に変更されたので、例えば、執行猶予中に犯した罪で、1年6月の判決を受けた場合であっても、情状に特に酌量すべきものがある時は、再度の執行猶予が付く可能性があります。

　また、改正前は、保護観察中に再び罪を犯してしまった場合、再度の執行猶予が付くことはありませんでした。改正後（施行後）は、保護観察付執行猶予中の再犯の場合でも、再度の執行猶予が付く可能性があります。

 5.　用語の解説

少　　年

　20歳未満の者。性別は問わない。

非行少年

　少年法3条において規定されている犯罪少年、触法少年、ぐ犯少年のこと。

犯罪少年

　14歳以上20歳未満で罪を犯した少年。

触法少年

　14歳未満で刑罰法令に触れる行為をした少年。

ぐ犯少年（虞犯少年）

　性格または環境に照らし、将来、罪を犯し、または、刑罰法令に触れる行為をするおそれのある少年のうち、次の事由があるもの。
　　・保護者の正当な監督に服しない性癖のあること
　　・正当の理由がなく家庭に寄り付かないこと
　　・犯罪性のある人若しくは不道徳な人と交際し、又はいかがわしい場所に出入りすること
　　・自己又は他人の徳性を害する行為をする性癖のあること
　少年の場合、未だ罪を犯していなくても、これらのいずれかにあてはまる少年は家庭裁判所に送致され、保護処分を受けることがあります。

特定少年

18歳、19歳の少年。

検察官送致（逆送）

少年事件で、家庭裁判所から検察官に送致されること。

大きく分けて二つあり、① 年齢超過、② 刑事処分相当がある。

①は、少年審判は、少年が20歳に達するまでに行わなければならないため、犯行当時、19歳であったとしても、家庭裁判所の審判までに20歳になると、検察官に送致され、成人と同じ手続きとなる。

②は、家庭裁判所裁判官が少年につき、刑事処分が相当であると考え、審判において決定で検察官に送致する処分を行うこと。

例えば、軽微な交通事犯など、成人だと罰金刑で終わるような事案でなされる場合がある。

また、少年法は、一定の重大罪名につき、原則として検察官送致をするよう定めている。詳細は、原則逆送対象事件の項を参照。

原則逆送対象事件

家庭裁判所が審判の際、原則として検察官送致（逆送）しなければならないとされている事件。

犯行時に16歳以上の少年が故意の犯罪行為により被害者を死亡させた罪の事件については、家庭裁判所は原則として検察官送致決定をしなければならないとされている。また、令和４年４月１日から施行されている改正少年法においては、特定少年につき、上記に加え、死刑、無期または短期（法定刑の下限１年以上）の刑罰に当たる罪についても、原則逆送の対象事件となった。

刑事施設

刑務所、少年刑務所、拘置所のこと。

執行猶予

有罪判決を受ける際、法令で定める場合に刑の執行を一定期間猶予し、その期間内にさらに罪を犯すことがなければ、有罪判決において言い渡された判決が免除になること（ただし、前科としては残ります）。

具体的には、懲役１年６月という判決を受けた場合、執行猶予がつかないと１年６カ月の間、刑務所に収容され、懲役刑を受けることになります。この判

決に執行猶予が３年ついた場合、刑務所への収容が先延ばしとなり、３年の間に再度罪を犯して、有罪判決判決を受けることがなければ、刑が免除となり、刑務所への収容がなくなります。

　なお、このケースで、執行猶予の３年の間に再度罪を犯すと、執行猶予が取り消され、１年６月刑務所に収容されることになるばかりか、それに再度の判決で定められた刑期を加えた期間、刑務所に収容されることになります。例えば、再度の判決が懲役１年の場合、懲役１年６月を足した懲役２年６月の間、刑務所に収容されることになります。

※　なお、法改正後は、懲役刑は拘禁刑に変わります。

　「一部執行猶予」という、刑期の一部は実刑とし一部は執行猶予とする制度もあります。

矯正施設

　罪を犯した人や非行のある少年を収容して、更生させるための処遇を行う施設。

　刑務所、少年刑務所、拘置所、少年院、少年鑑別所、婦人補導院のこと（各施設の説明は司法・福祉用語の「やさしい日本語」での言いかえ表の項目を参照）。

　上記施設以外にも、広い意味で非行少年の改善更生のための教育や訓練を行う施設を矯正施設と呼ぶこともある。

第二部
社会的孤立の予防

　本書の前半、第一部では、主に罪に問われた障がい者の更生支援の在り方について取り上げてきました。その中で見えてくるのは、社会的孤立の問題です。制度的な意味での障がいのある人に限らず、何度も罪を犯して刑務所に入り、出所してはまた罪を重ねる人の人生を丁寧に振り返ると、孤立の問題が見えてきます。幼少期から何らかの事情で劣悪な家庭環境に置かれていたり、児童養護施設を転々としていたり、学校生活でもさまざまな形で支援の必要性に気づかれてはいたものの、「あそこの家庭は関わると面倒だ」という周囲の不作為や無関心で放置されたり、虐待やいじめを受けて学校に行けず、人々の愛情や社会性を学ぶ機会を失っていた人々。判断力が弱いことに付け込まれて悪意のある人たちに利用されたり、ルール違反をすることで学校を退学になったり少年院や刑務所に行ったり、そのことで落伍者の烙印を押されて、より一層、社会に参加することが難しい状況に追い込まれてきた、そのような人が多くいます。

だからといってルール違反をすることが許されるわけではありませんが、このような人と関わって痛感するのは、不幸は連鎖しやすいということです。親の自死を目撃して心に深い傷を負う子ども、災害で親を亡くし、家をなくし、経済的な困窮で生きづらさを抱える子ども、親が犯罪に手を染めてしまったばかりに、自分の夢をあきらめて家計を支えなければいけない子ども、寂しくて誰かに認めてもらいたくて、悪意を持った人物にそそのかされて薬物に走る若者、生まれながらの特性や特殊な事情で世間から奇異な目で見られて誰にも相談できない状況に追い込まれる人たち。一方で、同じような状況に置かれても、犯罪に手を染めずに懸命に生きている人もいます。この違いは何なのでしょうか。つらい状況に置かれてもルール違反をせずに生きることができた人々に共通するのは、困難な状況に陥った時に支えてくれる誰かの存在です。自分のことを信じてくれる誰か、安心していられる場所、誰かに必要とされる状況、このような環境が整えば、一人では耐え難い苦しみや悲しみを背負って道に迷っても、また立ち直ることはできます。そう考えると、生きづらさを抱えてつらい状況になった初期の段階で誰かが手を差し伸べることができれば、犯罪者にならなかった人も多くいたのではないでしょうか。あるいは、人生を悲観して自らの手でその生涯を終える人たちに違う可能性を提示して新たな人生の再出発を応援することもできたのではないでしょうか。第二部では、世間の多くの人があまり垣間見ることができない世界、具体的には、現在、ひきこもり状態継続中の人や性的少数者と呼ばれながらもその個性を逆手に取って活躍の場を創出し、後に続く若い人たちのために道を切り拓いた人、薬物に手を出して刑務所に入った自らの経験を糧にして生きづらさを抱える人の更生支援に奮闘する人、そして、さまざまな生きづらさを抱えて孤立している人を第一線で支える現場の人たちの取り組みや工夫を紹介します。懸命に生きるこのような人たちの姿から、生きづらさを抱え孤立しやすい人々を支えるための何らかの手がかりを得られるのではないかと思います。

第10章

『浮草手帖』
──ひきこもり状態の作家による手記──

流草
ル　クサ

1. 私の幼少期

　ひきこもり生活を送るようになってから、かれこれ20年近く経ちました。このような状況になった経緯を幼少期から振り返り、「日々どのようなことを考えて過ごしてきたのか」「今どのような暮らしを望んでいるのか」「困っていることは何なのか」を簡単にまとめてみようと思います。

　私が生まれ育ったのは、ニュータウンと呼ばれている郊外の団地です。高度経済成長期に開発された新興住宅地で、土地に根付いた歴史的な文化や祭りなどは無く、特有の産業や資源などの風土性からも切り離されています。地方出身者が多いため、昔ながらの顔馴染みや親戚付き合いというものも開発当初は少なかったことでしょう。私の両親も、それぞれ生まれた土地を離れてから都市部で出会い、子育てのために郊外の団地へ住み着くことになったそうです。そんな中で私は幼少期を過ごし、そして今も住み続けています。団地の周りには、景観のために多くの樹々が植えられています。里山のような「暮らしの中で関わり合う自然」とは違い、「鑑賞する対象としての自然」といったところでしょうか。幼い頃は、団地の中にある樹々を観察したり、所々生えている草花を摘んでみたり……。両親の仕事が休みの日には、樹々や池のある大きな公園へ連れて行ってくれて、それなりに自然と触れあう機会はありました。それらは、レジャーや憩いの場として一時的に接する自然であって、日々の生活の中へ直接関わってくるような自然ではありません。しかし、草花の美しさに感動する気持ちや、自然と触れあう楽しさだけは、ちゃんと培われていったような気がします。これらの体験が影響しているのかは分かりませんが、小学生の頃は、自然を題材とした本やアニメを好んで鑑賞していた記憶があります。絵を描くのも好きだったので、学校での自然観察スケッチや写生大会などの時間は楽しみでした。

　そして、中学生になってから、いよいよ問題が生じ始めます。小学校で付き合っていた友達は散り散りになり、他の地域の生徒達と初めての合流……。人見知りなところがあったため、新しい人間関係を築くのには相当の気合いと努力が必要です。いつまで経っても同級生と打ち解けることなく時間は過ぎ、慣れない環境と緊張で勉学の方にも身が入りません。それに追い討ちをかけるように、同級生から理不尽な嫌がらせを受けて皆の前で号泣。休み時間や昼食の時間は周りから孤立しがちになり、人目のつかないトイレへ逃げ込んで気持ちを落ち着かせることもしばしば。やがて、人のいないところ、自然への憧れのようなものや逃避願望が芽生え始め、いつしか不登校になっていました。家にひきこもるようになってから、しばらくは読書や描画などで時間をやり過ごしていました。折しも、その頃はテレビゲーム隆盛期。例に漏れず、私もゲームの世界にハマっていきました。幻想的な森や砂漠や大空などを駆け巡るような舞台設定が多く、自然の中を探索して遊ぶ楽しさを、画面上の仮想の世界で代わりに味わっていたのだと思います。そんなこんなで、だんだんと昼夜逆転し、生活のリズムが狂い始めます。

　そんな私を見兼ねて、両親は、ある提案を持ちかけてきました。2学期が始まるまでの数か月、父の生まれ故郷に住む親戚の家で暮らしてみないか、と。そこは自然豊かな田舎。自立心を養うために、親元から一旦離れて暮らしてみるのも良いのでは……と思ったそうです。私の方もちょうど、自然に囲まれた環境で過ごしてみたい、という願望が芽生えていた頃。絵の題材にも最適。これはいい機会だと思い、父の親戚が住む田舎でしばらく暮らすことにしました。さて、実家の団地から電車や船を乗り継いで到着した農村地帯。初めて会う親戚の家で始まった新しい生活…とはいっても期間限定の数か月のみ。いずれ、あの団地へ戻ってまた同じ学校での生活が始まるのだ、という不安を抱えたまま、よそよそしい気持ちで過ごしていました。自然はたしかに豊かです。畑での農作業、ウニの殻割り、障子の張り替え、ボットン便所、犬の散歩など、団地では経験できないことを色々としました。そして、数か月はあっという間に経ち、両親の待つ団地へふたたび戻ることに……。

　案の定、同じ環境に戻った途端、田舎暮らしで解放されていた気持ちはたちまち閉じていきました。久々に会った同級生には全く馴染めず、学校は休みがちに。それから中学、高校と長いひきこもり生活へ突入し、鬱々とした日々を過ごすことになるのです。

2. 高校時代と就職

　高校は通信制でした。週に一回のスクーリング以外は、ほぼ家にひきこもっていて、課題のレポートを書いたり絵を描いたり……。集団の中に入りさえしなければ勉学に励むこと自体は苦痛ではなく、特にこの時期は向学心が強かったため読書量が増えました。森羅万象あらゆることを網羅的に知りたいという知的欲求から、日本十進分類法を頼りにさまざまな分野を調べていたのも、この頃です。自然界には何があり、人間の作ってきた文化や学問体系にはどんなものがあるのか。あるテーマや分野だけを深く知るというよりは、とりあえず、世の中に何があるのかだけを浅く広く調べて欲求を満たす。そして、書籍収集、教育番組の録画、新聞の切り抜きなど、際限のないデータ集めによって、いつしか部屋の中は埋め尽くされていきました。

　そんな生活を送っているうちに、だんだんと唯物論的な考え方や相対主義の視点で世の中を眺めるようになり、鬱々とした気分と虚無感に陥り始めます。「太陽系も人間もすべてはいずれ無くなるのであれば、今何かを残そうと頑張っても無駄だ」「自分の好みや考え方は環境や教育によってある程度決まってくる。違う場所で育てばそれぞれ違う好みや考え方になる。絶対的なものは無い。ならば、自分の好みや表現なんて取るに足らないこと」という相対主義的な虚無感。ふつふつと湧いてくる向学心とは裏腹に、それらの虚無的な考え方は、人間の営みや創造に対する情熱を減退させます。

　とは言いつつも、通信制のスクーリングの後には博物館や美術館などへせっせと足を運び、外出そのものはそれほど苦では無くなっていました。月に一回の趣味のサークルへも通い始め、そこで、とある人物と出会います。唯一の話し相手になってくれたRさん。新規事業を立ち上げて、さまざまな援助活動をしている年上の方です。そのRさんとの出会いによって、それまでのひきこもり生活が急展開するのです。ある時、そのRさんに私の描いた絵を見せる機会がありました。すると、思いもよらぬ提案をしてきました。「金銭的な問題で進学を諦めているのであれば、私がサポートしましょう。そのかわり、卒業したら、私が東京で立ち上げた会社でデザイン関連の仕事をしてもらえませんか？」……と。棚からぼた餅、もっけの幸い。そこからは一気に話が進み、親の了解を得て、東京での通学と一人暮らしが始まりました。それまで親元で

ひきこもっていた人間が突然の一人暮らし。しかも東京。例えるならば、普段全く運動もせず基礎体力の乏しい人が突然フルマラソンに挑むようなもの。中学時代に親元を離れて暮らした田舎での生活、とは真逆の環境です。

　さまざまな手続き、毎日の通学、課題。それに加えて、料理、洗濯、掃除、ゴミ捨てなどの家事全般。一人暮らしの人なら誰もがすることです。しかし、ずっとひきこもっていた私にとって、この急激な仕事量の増加は、かなりの精神的負担になっていたと思います。友人をつくることもなく、ただひたすら、一人暮らしと都会での生活に慣れるため必死でした。そうこうするうちに学業も修了を迎え、いよいよ R さんの会社でデザインの仕事です。

　オフィスはとても狭い空間でした。窓が小さく、周りはビルだらけで緑も無い。混雑した電車を乗り継いで通勤し、閉鎖的な仕事場で一日中パソコンと向き合う日々。仕事帰りには、ギャラリーへ寄ったり舞台鑑賞などをしたりして気晴らしをしていました。しかし、それがだんだんと気晴らしではなくなっていったのです。溢れる情報、人々の洪水。良くも悪くも、東京では毎日さまざまなイベントが各地で行われています。刺激に満ち溢れていて、観たいもの聴きたいものが次から次へと押し寄せてきます。毎日イベント情報をチェックしては仕事帰りに会場へ。次の日もその次の日も追い立てられるように足を運び、いつしかそれが義務的な処理のようになっていきました。あそこも、ここも行かないと…と欲望を掻き立てられるばかりで落ち着く暇がない。しかも、自分が今している仕事の内容はといえば、新商品のパッケージデザインや宣伝のための広告デザインなど、モノを売ることが前提です。ただでさえ情報やモノが溢れて息が詰まりそうなくらいなのに、これ以上何かモノを作る必要があるのだろうか？　作りすぎなのでは？……と次第に自分がしている仕事に対して疑問を持ち始めるようになりました。

　そんなことを感じながら日々を送っているうちに、仕事へも支障が及び始めました。疲労が蓄積しているせいか、朝起きても身体が重たくて動かない。何もかもが億劫になり、食事も摂らずに数日間寝込む。そうなると当然、R さんからの連絡が携帯電話に入ってくる。しかし、会社を休んでいる理由がうまく言えない。困った。後ろめたさから、R さんとの連絡を遮断。そうして、ずるずると休みが長引き、会社はクビに…。ふたたびひきこもり状態へと舞い戻ってしまったのです。

3. ふたたびひきこもり状態に

　今度のひきこもりは、中学・高校時代とはかなり違います。両親とは同居しておらず一人暮らしです。自分の世話は自分でしなくてはならない。しかも、友達を作らなかったため相談できる相手が一人もいません。アパートの周りは知らない人ばかり。頭が回らず、何処かへ助けを求めるという考えも浮かばない。そんな状態が数か月ほど続き、ついには貯金が底をつきます。家賃や光熱費の滞納、料理や掃除などの家事もままならず、何日も食事をせずにボーッと横になっている。このままでは死んでしまう……。

　そのような状況の中で頼みの綱になったのが、メンバー限定のネット掲示板です。そこは、さまざまな事情で生きづらさを抱えている人達が、匿名で語り合える場。切羽詰まっていた私は、その掲示板に自分の状況を書き込みました。すると他のメンバーから、「一刻も早く親へ、今の状況を正直に伝えた方がいい」と言われ、引越しを安く済ませる方法や段取りなども親切に教えてくれました。掲示板でやり取りをしながら、なんとか親に連絡する決心がつき、実家の団地へ無事に戻ることができました。何もせずに、あのまま自分を放って置いたら、東京の狭いアパートで孤独死していたかもしれません。

　東京から実家へ帰ってきて、再々度のひきこもり生活がスタート。徐々に健康を取り戻しつつ、さまざまな本を読み漁り、ネット三昧。高校時代に頭の中を支配していた虚無的な考えと、情報収集に明け暮れる日々が、また蘇ってきました。

　けれども、虚無的な考えの受け止め方は、高校生の頃とは少し違ったものになっていきました。老子、コヘレト、カルペ・ディエムなどの言葉。アラン『幸福論』、柳宗悦『工藝の美』、岡野守也『つながりコスモロジー』、見田宗介『時間の比較社会学』などの著書。それらの影響から、「いつかすべて消えて無くなるのであれば、生きているこの瞬間を存分に味わい、楽しく過ごせるための工夫を重ねてゆく」という考え方へと変化。虚無的思考からの解放です。自分の中で、ある種の心理的な決着がついたその時。使っていたパソコンが壊れ、保存していたすべてのデータが消えてしまうという事態が起こります。大きなショックと共に、どこか清々しい気分でもありました。当時書いた日記には、こう記されています。この箱の中にせっせと詰め込んでいたデータは、本当に

必要なものだったんだろうか……。たとえデータをバックアップしていたとしても、新しくパソコン本体を買い換える事ができなければ再現すらできない。やはり最終的には、労働と金銭と電力の問題にぶち当たる。

　パソコンでつながっている人間関係は、パソコン代とネットの使用料金と電力と共に成り立っている。携帯でつながっている人間関係は、端末代と携帯の使用料金と電力と共に成り立っている。郵便でのコミュニケーションならば、封筒＋切手＋ペン類を購入するためのお金が必要となる。飲み会でのコミュニケーションもお金が必要。人とのコミュニケーションには何かとお金が必要となる。ご近所さん同士、人の居る所まで訪ねて行って「オーイ！」の呼び掛けで集えるような、お金を介さない人間関係に憧れる。

　ちょうどその頃は、就職氷河期（ロスジェネ）世代の派遣切りやニートという言葉を目にする機会が増えてきた時期です。それと同時に、スロームーブメントの立役者である辻信一さん、半農半Ｘの提唱者である塩見直紀さん、臨床環境学の高野雅夫さんなどのように、「食やエネルギーの自給自足をベースに、地に足のついた生活スタイルとコミュニティの形成」を目指して実践している方々の話題も増えていました。小説や漫画の世界では、梨木香歩『西の魔女が死んだ』、五十嵐大介『リトル・フォレスト』、いがらしみきお『かむろば村へ』など、「都会生活から離れ、自然と触れ合ううちに人間らしさを徐々に取り戻していく」といった内容のものが多く作られるようになっていきました。ロスジェネ世代のひきこもり問題と、田舎回帰の動き。その背景には、新自由主義やグローバリズムがひき起こした環境破壊、競争激化、自己責任論の蔓延などに対するアンチテーゼの気持ちがあるのでは……と論じる学者もいます。私もその考えに共鳴し、自然や土と共にある生き方に少しでも近づきたい！と思うようになりました。

4. 次の一歩を踏み出すことの難しさ

　まずは、野菜づくりのできる場所はないかと、近場の耕作放棄地や貸し農園などを調べました。しかし、団地からは遠い所ばかり。なにしろ車に乗れないので、そこまで通えない。それならば、と団地のベランダでプランター栽培、バケツ稲づくり、ダンボールコンポスト、干物作り、緑のカーテンなどに挑戦。

この限られた環境の中でできることを少しずつ試してみました。他には、梅酒や味噌の仕込みなど。既製品は買わずに、なるべく手作りで。歳時記を参考にしながら、日々の生活の中に「自然」を取り込んでいきました。団地暮らしの中で「自然」を取り込むといっても限界があります。ならば、田舎へ移住という手もあります。自然の中での共同生活や農業体験といえば、倉本聡の富良野塾や千葉県の鴨川自然王国などが有名ですが、ひきこもりやニートに特化した「山奥シェアハウス」も少しずつ増え始めています。しかし、ひきこもりにとって田舎へ移住するというのは相当ハードルが高いです。それ以前に、乗り越えていかなければならないことが、まだまだたくさんあります。

　ひきこもっていると焦燥感や孤独感にたびたび襲われます。そのような感情の大きな起伏を避けるために、日常の雑事や勉学などのタスクを増やして気を逸らしています。単純なルーティンを数多く淡々とこなし、なるべく落ち込む暇を作らないようにやり過ごすのです。しかし、だんだんとルーティン自体が義務的なものとなり、そのリズムが崩れると今度はストレスに……。いつの間にか、さまざまなタスクでがんじがらめになっていました。

　そして、長期間ひきこもっていると、「外出するための準備」がとても億劫になってきます。どこかへ行きたいという意志があっても、準備段階で諦めてしまうことが多いです。例えば衣服。部屋着での生活が長く、外着を着る機会が無いため、所有している外着は昔に着ていたものばかりです。ほつれたものや色褪せたものなどが多く、適当な服がすぐに用意できません。季節ごとに着て行く服が前もって分かっていたり、身なりを整えるために必要な手順が習慣化していれば、外出もしやすくなります。

　服の準備ができた後に待ち受けているのは、外出時の移動手段と交通費の問題です。親の年金を使っているという後ろめたさがあり、お金のかからない範囲で済ませます。目的地までの交通の便も、不都合な場合があります。自助会などへ行くのも大変です。最近では、アウトリーチ支援も増えてきているようですが、セーフティネットとして、「車や公共交通機関を使わなくても会える知人がいる」のは必要なことだと思います。

　なんとか都心部へ外出することができたとしても、精神的に疲れやすいため、家に帰ってから数日はぐったりとしてしまいます。場数を踏むことで良くなっていくかもしれません。この回復の遅さとどう付き合っていくかも、今後の大きな課題です。問題を挙げるとキリがないのですが、他にも、「面接の際に、

長い空白期間をどう説明するか」「収入がないため、創作活動に必要な道具が揃えられない」など、細かな心配事はたくさんあります。

　最近になってようやく、自分の足で自助会などへ行ってみよう、という気持ちが湧いてきました。親は、これまで行政機関などへ相談しに行ったことは無く、「どうすればいいのかわからない」と言って何もしてこなかった。今では親も高齢となり、遠出するのも困難に……。最終的に待ち受けているのは、親の介護と死別。いわゆる「8050問題」です。

　次の一歩をなかなか踏み出せないまま、時間ばかりが過ぎていきます。そして、いつの間にか、ひきこもり生活は20年近く経っていました。今までそれなりに色々なことをしてきたはずですが、「まだ何も始まっていないなぁ……」という気持ちで悶々としながら暮らしています。

2023年11月　自宅にて

ドラァグクイーンの世界から見た世の中の変遷と性的少数者の生き方

foxy-o

1. ドラァグクイーンの世界から見える景色

　私は、大阪市北区の兎我野町にある「do with cafe」というダイニングバーのオーナーをしています。この店では、創作和食やお酒を心地よい空間の中で楽しんでいただける他、ドラァグクイーンのショーも行っています。「ドラァグクイーン」という言葉や存在をご存じない方のために簡単にご説明しましょう。これはあくまでも私個人の考えですが、日本独自の表現様式を花開かせつつある現在のドラァグクイーンは「派手なメイクや衣装でパフォーマンスをする存在」ととらえていただければわかりやすいかと思います。日本では主にゲイ（同性が好きな男性）がドラァグクイーンをしています。男性が女性の格好をしてパフォーマンスをすることが多いため、女性として生きたいと願う男性や性別適合手術を受けて男性から女性になられた方々と混同されやすいのですが、ゲイの場合、男性として男性に性的な関心を持つ人が大多数なので

（例外もあります）、自分の性別が女性だと認識して生きる男性とはまた異なった存在です。ただ、ゲイ以外にも異性愛者で男性のドラァグクイーンや女性のドラァグクイーン、性別適合手術を受けたドラァグクイーンもいます。それぞれのドラァグクイーンに共通している点は「奇抜なメイクや衣装で独自の世界観を表現したパフォーマンスをする」という部分です。どのような人がどのようなパフォーマンスをするかは多種多様です。また、ドラァグクイーンのとらえ方は時代や個人によってさまざまで私と違う考え方をしている方もい

ますので、このご説明も参考程度に受け取っていただければありがたく思います。

　2024年で20周年を迎えた do with cafe ですが、おかげさまでナジャ・グランディーバやベビー・ヴァギーなど、この店に関わってくれたドラァグクイーンがさまざまな場面で活躍できる時代になってきました。旧知の仲であるマツコ・デラックスやミッツ・マングローブが自然に受け入れられるようになったのも20年前に開店した当時から考えると大きな変化ですし、世の中の認識は大きく変わりつつあると思います。このような世の中の性的少数者への認識の移り変わりや、性的少数者の生き方について、私がドラァグクイーンの世界から見てきた景色を中心にお話ししたいと思います。そのことで、教育や福祉の領域で性的少数者に関わる機会のある方々、また、ご本人が性的少数者である方々の何らかの参考にしていただければうれしく思います。

2. 現在に至るまでの道のり

　私が運営する do with cafe の店を立ち上げて現在の状況に至るまで、どのような道のりをたどってきたのか、まず、そこからお話しします。私は愛媛で生まれ育ちました。幼少の頃から、お習字やお茶、お花など、日本的なお稽古事が好きでした。「料理天国」という番組が好きで、番組に全面協力していた辻調理師専門学校に憧れ、中学卒業後、母親に料理の道へ進みたいと相談し、授業料を工面してもらって、愛媛から大阪に出てきました。学校で料理を学ぶ中、同郷だった先生に親切にしてもらい、その先生の紹介で卒業後に有名な料亭で働く機会を得ました。その料亭の寮が、大阪市北区の堂山町という、現在でもゲイタウンとして知られる街にありました。当時は、堂山の町がゲイの方が集う場所だという認識はなく、「大阪の男の人はやけに親切な人が多いな」と思っていました。その頃、私には自分がゲイだという認識はなく、何人かの女性とお付き合いしていた時期でした。田舎で育ったということもあって、ゲイの世界を知らなかったというのも大きいと思います。当時、私は交際していた女性たちにはそれほど深い感情が沸くことはなく、いつも自然消滅していたので、自覚はなかったものの今思えば以前からゲイだったのだろうなという気がします。料亭では 9 年ほど働いていたのですが、周囲にはクラブ（ダンス

ミュージックが流れる空間の方のクラブです）があったので、板前修業をしながら寝る間を惜しんで遊びに行っていました。クラブにはゲイの方も多く遊びに来ていたので、自分には料亭よりもこちらの世界のほうが合っているような気がしました。クラブで楽しい思いをできたこともあり、その後、クラブで働くことになります。料亭をやめてから、一度、実家に戻ったのですが、やっぱり大阪がいいなという思いが強くなり、一人暮らしをして大阪の新地にあるクラブで働くことになりました。そのお店では、はじめはスタッフとしてキッチンを担当したりお客さんにお酒を作ったりしていましたが、お店が移転する機会があり、その際にマネージャーの立場で働くようになりました。この頃に学ばせていただいた経験が今の店の基礎になっているように思います。このクラブでは約９年働きました。その後、一年くらい、いろいろな仕事をしていたのですが、現在の do with cafe がある兎我野町に場所が空いているので何かやってみないかというお声がけをいただきました。そこから始まったのがこの店です。最初はお金もないし、試行錯誤をしながら店の方向性を探っていました。do with cafe という名前にもあるように、店を出してから一年ほどは、昼間はカフェもやって夜にダイニングバーをする形でしたが、人通りが少ない場所でお昼はあまりお客さんが来なかったので、昼間のカフェはやめました。店名の「cafe」は開店当時の名残です。来ていただけるお客さんもまばらな状況だったので、待っていても仕方がないなと思い、お客さんに足を運んでもらうために考えたのが、月に何回かドラァグクイーンに店のママをしてもらうというアイデアでした。三人のドラァグクイーンに一人月１回程度店に入ってもらって、月３回、ドラァグクイーンがお店にいるという状況を作りました。その中に今メディアで活躍しているナジャ・グランディーバもいました。当時ナジャは、堂山のゲイバーでスタッフとして働いていたのですが、私はいろいろ相談してアドバイスをもらいました。ドラァグクイーンを店に入れるのならショータイムがあった方がいいという助言ももらいましたし、その頃、普通のダイニングバーとして運営していたのでショーに必要な照明や音響設備も整っていなかったため、ナジャの意見を聞いて少しずつ今の形に整えていきました。

　この20年の間でドラァグクイーンが活躍できる場所が格段に増えました。この変化は日本だけではなく、海外でも同じ傾向にあり、ニューヨークでもメイクの仕方やパフォーマンスの内容は以前と異なり、さまざまな表現様式が出てきました。昔はメイク一つとっても雑誌を見ながら自分のやり方を模索して

いる人が多数だったのですが、現在は YouTube で学ぶこともできます。必然的に昔からやっている人と最近の人との間の中でもドラァグクイーンとしてのあり方やパフォーマンスに対する考えや解釈も異なるようになってきます。こうい

う解釈もあるのかと感心することもありますので、ドラァグクイーンとしての唯一の正解というのはないように思います。do with cafe を開店した当時は毎日ドラァグクイーンがショーをやる店はありませんでしたが、今ではドラァグクイーンがショーをする店も増えてきました。世の中の人の受け止め方も変わり、ショーを見るために足を運んでいただけるお客さんが増えてきたということです。これも20年前から考えると大きな変化です。私は器用な方ではなく、新しいことに常にチャレンジし続けようと思うタイプでもなかったのですが、料亭での板前の経験やクラブでの経験、そして多くの人とのご縁から学ばせていただいたものを形にしてお出ししようと思い、続けてきた結果が今の店のスタイルにつながりました。ゲイであること、不器用であること、これまでの出会いや今まで培ってきたものを大切にし続けたこと、そのすべてが現在に役に立っているように思います。決して派手な店ではなく、地味な店ですが、よければ大阪に来られた際にはお立ち寄りください。おいしい食べ物とおいしいお酒を味わいながら、ドラァグクイーンとの楽しい時間を堪能していただきたいと思います。

3.　性的少数者であること、一人の人間であること

　私自身の人生を振り返って、自分はゲイでよかったと思います。生まれ変わることがあるのなら、今度もゲイとして生まれることができたらいいなと思います。do with cafe とご縁があって、自分の個性を生かし、自分の居場所を開拓してきたドラァグクイーンの活躍を見ても、ゲイだからどうこうというの

は関係なく思えます。その人たち、一人ひとりが一生懸命生きているし、その一生懸命な姿を誰かが見てくれているから良いご縁が生まれるのではないかと感じます。中には、「あの人たちは成功しているからそんなことが言えるんだ」と思う人もいるかもしれません。不遇な人生で、今、つらい状況にある人は、メディアで活躍しているドラァグクイーンの姿を見て、ただ運が良かっただけのように見えるかもしれません。しかし、近くでその努力を見てきた私からすると、出会いを大切にし、腕を磨き、チャンスが巡ってきた時に自分の力を生かせるようにしていたからこそ、それぞれ、活躍の機会に恵まれているのだと思います。

　私が出会ってきたゲイの方の中には、「自分はゲイだからダメなんだ」「少数派だからみんなの輪に入れない」「仕事がうまくいかないのは自分がゲイだから」と、ゲイであることをうまくいかない言い訳にしている人もいます。でも、それは違うと私は思います。ゲイであっても、一人の人間として見た時、それは一つの要素でしかありません。自分ができること、これまでの人との出会い、自分が培ってきたもの、良い思い出も悪い思い出もひっくるめて自分の歩んできた一つひとつの出来事を大切にし、自分の足元を見つめなおすことの方が大事なのではないかと思います。これは性的少数者に限らず、すべての人に言えることです。もちろん、長年連れ添ったパートナーが病に倒れた際の医療同意権や付き添いなど、性的少数者であることに関連した社会の課題はあります。そこは改善する必要はあるでしょう。ただ、自分の人生は自分でしか生きられません。不運だと腐らずにその時、自分にできることをやっていれば、道が拓けることがあります。何かしらやっていれば、チャンスが巡ってくるし、チャンスが来た時にそれを逃さないようアンテナを張っておくことが大事だと思います。仮に、チャンスを逃したとしても、次がないということはありません。居場所がなければ自分で作ることもできます。少数派だからつらい思いばかりしているととらえるのと、少数派だから他の人が体験できない希少な体験をすることができたととらえるのでは見える風景も変わるでしょう。不満げな顔ばかりしていると似たような人が近寄ってきます。うまくいかないのを人のせいにするより、自分が人を信じられるようになること、そして人に信じてもらえるように振る舞うことで、手を差し伸べてくれる人も増えるのではないかと思います。

4. 性的少数者になじみのない方へ

　性的少数者ではない人、周りに性的少数者がいない（と思っている）人でも、最近ではテレビ番組や YouTube で多くの性的少数者の方が活躍しているので、昔と比べるとどんな人たちなのかイメージしやすくなったように思います。しかし、一言でゲイといっても実際にはいろんな方がいます。ドラァグクイーンを見ていただければわかると思うのですが、一人ひとり違います。誰一人として同じメイクやパフォーマンス、考え方をしている人はいません。十人十色です。同じように、性的少数者も「同性に性的な関心がある（性的指向）」や「自分の本来の性別は身体的な性別と違うように感じる（性自認）」など、性的指向や性自認について共通点があったりなかったりするだけで、会ってみれば一人ひとりその生き方や考え方は違います。テレビ番組で見かけるゲイの方の印象から、全員が女性のような言葉遣いをすると思っている人もたまにいますが、そういう人もいれば違う人もたくさんいます。身体を鍛えている人もいれば、アイドルのような風貌でおしゃれに磨きをかけている人もいます。見た目では性的少数者とは気づかないような雰囲気の人もいます。性的少数者であるかどうかは、その人を彩る一つの色であって、その人のすべてではないということをわかっていただきたいと思います。

　次に、多くの性的少数者が抱える悩みごととして、自分の性的指向や性自認を人に打ち明けるかどうか、言い換えればカミングアウトするかどうかという問題があります。私自身の話をすると、長い間、家族には自分がゲイであることは言っていませんでした。変化のきっかけとなったのはマツコの番組で do with cafe をとりあげてもらったことでした。番組を見た弟から「テレビで見た」と連絡が来てどうしようかと思い、はじめはとぼけていたのですが、良い機会だと思い、勇気を出してゲイだということを弟に打ち明けました。弟とは15歳で私が実家を出て以来、疎遠だったのですが、その連絡をもらってから、頻繁にやり取りをするようになり、会って話をする機会が増えました。弟に自分の素の姿を見せることができるようになって、気持ちも楽になりました。ただ、私の母には伝えるべきかどうか悩んでいます。昔の人なので、「自分がこんな風に産んでしまった」とか「自分の育て方のせいで息子がこうなってしまった」と母が思い悩んだらと思うと、私の気持ちが楽になるからという理由

だけで打ち明けることもためらわれるからです。うすうす気づいていても現実を知りたくないと思っているようであればそこは母の気持ちを尊重したいと考えています（編著者注　この原稿執筆後、筆者 foxy-o さんのお店にお母様が来てくれたとのことです）。

　私と同じように、周囲の人に言うべきかどうかで悩んでいる人は多くいます。異性との結婚の話を振られても困るので言うという人もいます。言ったところで関係性が変わらないと信じているので、変な配慮をされないように言う人もいます。伝えることで今までの関係性が変わってしまうのが心苦しいので言わないという人もいます。言う必要がないから言わないという人もいます。この人には言うけどあの人には言わないという人もいます。周囲の人に伝えるかどうかはその人が決めることです。その人の立場や年齢によっても考え方は違ってくるでしょう。そこに正解や不正解はないと思います。

　性的少数者といっても、性に関する部分が世間の大多数の人と違っているというだけで、一人の人間であることに変わりはありません。ドラァグクイーンが誰一人として同じ姿でないように、みんな一人ひとり違った人生を生きている、そんな風に自然に受け止めていただければ、お互い人として尊重しあって生きていけるのではないかと思います。

第12章

覚醒剤と再出発

中野瑠美

4回の逮捕

　私は、これまで覚醒剤取締法違反で4回逮捕されました。1回目は執行猶予がつきましたが、その後も覚醒剤で捕まり、合計12年間刑務所に入っていました。現在では、大阪府堺市内でラウンジを経営しながら、刑務所に入っていた人やその家族の相談支援、就労支援、放っておいたら刑務所に行くかもしれない子たちの相談などの取り組みを行っています。刑務所経験者、元薬物使用者、現在、更生のお手伝いをしている者として、私の経験してきたことをみなさんにお伝えしたいと考えました。罪を犯した人の再出発に手を差し伸べてくれる人たちの何かのお役に立てたらと願っています。そして、失敗を繰り返してきた人たち、罪を犯して刑務所に行ったことのある人たちにも、こんな私でも立ち直れたんだから、生きてさえいたらまた這い上がれるという勇気を持ってもらえたらうれしいです。

　私は大阪府堺市で生まれました。父と母、兄と私の4人家族です。小学校の頃はまじめな子だったのですが、私が中学校2年生になった頃、父の事業が急激に悪化しだして生活が一変しました。仕事の都合で別の中学校に転校することになり、その頃からまじめな生活をやめてしまいました。引っ越しを6回するなど、環境も安定せず、勉強にもついていけなくなり次第に友達と遊び歩くようになりました。その当時交際していた彼氏が、ヘルメットをかぶらずにバイクに乗って事故を起こし死んでしまい、悲しい思いもしました。その彼氏のお母さんが美容師だったので、その姿に憧れて美容師を目指しました。中学を出て美容学校に入学しますが、美容学校に通っている間に、17歳で妊娠、出産、結婚をします。結婚生活は長く続かず、生活していくためラウンジで働きだしました。その後、紆余曲折があり、2人目、3人目の子どもが生まれました。全員男の子です。

　私が初めて覚醒剤に手を出してしまったのは失恋がきっかけでした。3人目の子を産んだ21歳の当時、私はラウンジを2軒経営していたのですが、その頃、阪神淡路大震災が発生します。私はトラックの運転免許を持っていたので、トラックを使って被災者の支援をしていました。そこで、同じように支援に来ていた男性と真剣に交際するようになりました。ところが、支援活動が一段落するようになったら、その男性は福岡に帰ることになりました。本当に好きだったので、裏切られたショックで何もかもが嫌になり、薬に手を出しました。これが1回目の逮捕です。1回目は執行猶予がつきましたが、23歳でまた覚醒剤で捕まり、懲役4年6月の判決が出て刑務所に行くことになります。そこから、出たり入ったりを繰り返し、20代から30代にかけての若くてきれいな時期を刑務所の中で過ごしました。

　刑務所と縁遠い人の中には、「なんで刑務所までいって出てきたのにまた再犯して戻るん？」と不思議に思う人がいるかもしれません。私の場合は覚醒剤での逮捕だったので薬への依存が断ち切れないからまた手を出したのだと思われるかもしれませんが、他の罪で刑務所に入り、やり直そうとしている人にも共通して言えることがあります。刑務所から出てきても行くところがないんです。塀の中でお努めしても出所後もらえるお金はわずかです。塀の外に出て一週間持つか持たないかくらいのお金しかない状態で社会に投げ出されます。刑務所に入るまでに貯金がたくさんあれば別ですが、貯えがなければそのわずかなお金を握りしめて自分で何とかしなければ生きていけません。夏に捕まって出所が冬だと、冬服も買わなければいけません。身寄りもなく、帰る家がなければどこかに泊まる必要がありますし、それにはお金がかかります。行くところ、住むところ、お金、それらがない状態で頼れるのは悪さしていた頃の昔の仲間です。反省して刑務所から出てくる人の多くは、出てきた瞬間は今度こそがんばろうと思っているはずです。でも、それが難しいんです。本当は再犯なんてしたくないし、立ち直りたい気持ちはあるけど、どうしたらいいかわからず、生活に困るから悪い仲間のところに戻って、また悪いことに手を出してしまいます。頼る悪い仲間もいない人は、お金に困って盗みをして、また捕まってしまいます。結局、この悪循環で出たり入ったりを繰り返してしまいます。

2. 私が立ち直れたきっかけ

　刑務所を出たり、また入ったりの繰り返しだった私がなぜ立ち直れたのかというと、それは私のことを信じて待ってくれる人がいたからです。4回目の逮捕で、3度目の刑務所行きになった頃、付き合っていた彼氏が出てくるまで8年間待ってくれました。その彼氏も以前は品行方正とは程遠い生き方をしていた人だったのですが、心を入れ替えてまじめに生きようとしていました。そして、刑務所から出てきた後の二人の生活のために家を借りてくれました。ワンルームでの二人の生活でしたが、出所後に自分の住める家があったのは初めてのことです。家もなく、生活の基盤も整っていないと不安になりますが、帰る家があると安心できます。刑務所から出てきて、社会での生活に慣れて、周りの人から信用してもらうには私は3年かかると思っています。私もそうでしたし、悪さをして捕まったけど心を入れ替えて今立ち直れている子を見てもそうです。3年頑張っていたら、「この人は一生懸命立ち直ろうとしているんだな」と周囲の人も信じてくれるようになります。そうすると、周りの人が仕事をしてみないかと声をかけてくれるようになります。自分のことを信じてもらえるようになると、信じてくれたこの人たちを裏切れないという思いが強くなり、またそこから頑張れるようになります。

　私が頑張れたもう一つの理由は三人の息子たちです。私が最後に刑務所から出てきた当時、三人とも荒れていました。法に触れるようなこともしていたので警察のお世話になることが頻繁にあり、毎日、面会しに警察や少年院や少年鑑別所に通っていました。私が刑務所に入っていた間、母親がいなくて寂しかったんでしょうね。それからは、三人の息子から「おかん、もうこんでええから」とうっとうしがられるほど、少年院や少年鑑別所に顔を出していました。「本気で会いに来るのが嫌なんかな」と思い、少し距離を置こうとして二日ほど面会に行かないことがありましたが、次に面会に行ったら何があったのかと心配していました。口ではうっとうしがっていても本当は関わって欲しかったんだと思います。このうっとうしい愛情が効いたのか、息子たちは今では立ち直り、三人とも親方として一生懸命働くようになりました。刑務所から出て間もない当時はそういう状況だったので、三人の息子を置いて刑務所に戻るわけにはいかないと決心できたのも立ち直る大きなきっかけでした。

　そうこうして頑張っていると、その姿を見ていた人から車検屋さんの仕事や
ハウスクリーニングの仕事を紹介してもらえるようになり、自分の力で生計を
立てられるようになりました。そして、刑務所への差し入れ代行業の仕事も始
めました。この仕事を始めたのは、刑務所での生活で外部との交流がなく、出
所してからの話を相談しづらい状況を経験していたからです。そのことで私自
身、とても不安になりました。私の場合、母に身体障がいがあり、耳も不自由
だったため余計に連絡を取りづらかったというのもありますが、塀の外の家族
や大切な人が自分のことを本当はどう思っているのか、みんな気になるもので
す。刑務所から手紙を送ることはできても、塀の外にいる家族は受け取った手
紙を見てどう反応していいか困ることがあります。「出てきてもまたどうせ悪
さをするから」とあきらめている家族もいます。家族からの反応がないと、
「自分は見捨てられた」と自暴自棄になってしまう人もいます。そこで、差し
入れの代行を通して、お互いの気持ちを伝えて、出てきた後の生活を考えられ
るよう、お手伝いをしようと考えて始めました。刑務所から出て、暇だった時
期に覚えた PC の知識でホームページを立ち上げ、差し入れ代行業の話などを
そこに掲載していると、フジテレビさんが私の仕事に注目し、取り上げてくれ
るようになりました。その後、ダウンタウンさんと一緒にお仕事をする機会を
いただいたり、他のテレビ局にも取り上げてもらったりして、メディアのお仕
事もいただくようになりました。

　生活の基盤が固まってくると、「自分の本当にしたいことは何だろう」と考
えるようになりました。そして、若い頃、逮捕される前にやっていたお店をま
たやりたいと思うようになり、1 軒目のラウンジを出しました。ところがこの
お店は共同経営で始めたため、お店の経営方針で共同経営者ともめることが続
き、結果的に私はクビになりました。12人いたお店で働いていた女の子も一
緒に放り出されたので、この子たちの生活をどうにかしないといけないので、
そこからまた頑張りました。その後、またお店を出そうと頑張って、今では大
阪府堺市内の天神でラウンジを経営し、おかげさまで今では順調に経営できて
います。近くまで来られた際には良ければ一度お立ち寄りください。刑務所の
話や更生支援の話はいっぱいできますので。

　「こんな失敗だらけの私でも頑張って今ここまでやれてるんやから、あんた
も大丈夫やで」と、私のところに相談にくる子たちに言っています。私自身が
失敗してきたからこそ、失敗してしまった子の気持ちがわかるし、私の姿を見

て自分も頑張ろうと思ってくれた子を信じて応援できるのかなと思っています。

3.　塀の外にいる家族や待ってくれる人

　差し入れ代行業の仕事の話をしましたが、この仕事をして思ったのは、塀の外に出た後のことを相談できる家族や待ってくれる人の存在がいかに大きいかということです。家族の中には、刑務所行くような人とは縁を切りたいと考える人もいます。「帰ってきてもどうせまた事件を起こして迷惑かけられる」「一緒に住むのはいやや」「もうあの子のことはあきらめてる」「親でもなければ子でもない」、そう言われると、助けを求めたくても助けを求められなくなります。本気で立ち直ろうと思っていても、行き場がなければまた昔の悪い仲間に助けを求めてしまいます。「あの子のことはあきらめた」とは言っていても、親の方も本当にあきらめている親ばかりではありません。助けてあげたいけど、どう助けてあげたらいいのかわからないのだと思います。私はそういう親御さんに「生まれてばかりの頃はこの子ヨチヨチ歩きだったでしょ？」「あの頃を思い出してください」「まだ一人では歩けないから支えてあげて、一歩一歩、歩けるようになっていったでしょ？」「あの頃のように、ちょっとだけでいいから支えてあげてください」と伝えるようにしています。

　私が刑務所出てすぐ、息子が全員暴れん坊だった頃は、息子だけではなくその友達も一緒に私が関わっていました。うちはまるで合宿所のようでした。家に帰りたくないという子もいました。居場所がない子は、うちに泊めたり、ご飯を食べさせてあげたりしていました。「おばちゃんは話聞いてくれるけど、うちのおかんは聞いてくれんから」という子には、「そうかもしれんけど、いっぺん話してみたら？」と伝えました。「どうせうちの親は俺のこといらんと思ってる」という子もいます。何らかの事情で親がいない状況で育った子は、甘え方も下手だし、独特の執着があります。そういう子には、私が愛情をぶつけてきました。親だけではなく、親に代わる人、子どもと真剣に関われる人が近くにいれば、自分は一人ではないと感じて、またやり直そうという気持ちも出てきます。その子に何が必要なのか、何を求めているのか、一人ひとり違います。自分の価値観を押し付けるのではなく、その子に合わせた、その子が受け止めやすい関わり方や環境を用意してあげることが大事なんじゃないかなと

思います。

　息子がある時、「おかん、俺、たぶん捕まるで」と私に言ってきたことがありました。「なにしたん？　正直に言ってみ」と尋ねたところ、「正直に言ったらおかん怒るやろ」と答えました。「隠してても怒るのは一緒やから、本当のこと言ってみ」と返したところ正直に答えてくれました。あるご家庭のお子さんに悪さをしたとのことです。それを聞いて、息子によって被害を受けた子とその家族のところに行って「謝りにいこ」と言いました。「謝ってももう無理ちゃう？（逮捕されるという意味）」と言っていましたが「いいから謝りにいこ」と返しました。そして、相手の親のところに息子と一緒に行って謝罪しました。結局、その後息子は捕まりましたが、それでも悪いことをして相手に迷惑を掛けたら謝ることを教えなければいけません。そんな息子たちですが、彼らには、「悪いことしたかもしれんし、捕まったかもしれん、それでもあんたらのこと大好きやねん」とずっと言い続けてきました。当時を振り返って「あの頃のおかん、やばかったで」と息子たちに言われるので、相当うっとうしい思いをしていたでしょうが、私はあきらめるくらいだったらうっとうしがられるくらい関わってあげたいと思って息子たちと接してきました。心配してくれる人、親身になってくれる人というのはどんな子にも必要なんじゃないかなと思います。

4. 再出発するために

　刑務所から戻ってきた子や、不運が重なって失敗し続けてきた子に関わっている私が、再出発に必要だと思うものは、まずは寝るところです。その人が安心していられる場所といってもいいでしょう。三畳一間でも構いません。自分で鍵を開けることができて、自分で鍵を閉めることができる自分の居場所、空間です。人のところに間借りしていたら、気も使うし、落ち着かないし、一人でゆっくり考えようと思っても「ご飯できたよ」と声をかけられて気が散ってしまいます。刑務所から出てすぐは、刑務所のリズムが抜けきらず、刑務所の常識と世間の常識の違いにも戸惑います。一般社会のリズムに自分のリズムを合わせるには時間がかかります。一人でじっくり考えられる空間と時間が必要になります。

　この一人で考える場所、一人でいられる時間というのは案外大事です。私は刑務所出て間もない子には、はじめのうちは週3日頑張って働いて残りの4日は社会見学するように言っています。スーパーに行ったり、百貨店に行ったり、街を自分の目で見て、自分で経験して、今の世の中はこうなっているんだと知っていくことで、少しずつ自分のリズムを社会のリズムに合わせられるようになります。刑務所を出て間もない時期は、気持ちも焦っています。まじめに立ち直りたいと思っている人ほど焦るものです。その時期に、頑張れ頑張れと急かされ、こうしなさい、ああしなさいと周りが追い込みすぎると気持ちが空回りして、失敗しやすくなります。頑張ったのに焦って失敗してしまうと「これだけ頑張ったのにまた失敗した」「やっぱり自分は何をやってもダメだ」「もうええわ！」と自暴自棄になります。こうしろああしろと言われなくても、そうした方がいいことくらいわかってます。わかってるけどできないんです。そんなに急かさなくても、ゆっくり3年くらいかけてうまくいけば、それで良くないですか？　世間の流れと自分のリズムを合わせるのには時間がかかります。それをわかってあげてください。将来のことで何か困っているようだったら、「どうしたいと思ってるの？」と聞いてあげて、「こうしたいと思ってる」と返事が来れば、「じゃあ私はこの部分手伝うから、自分のしたいことができるようにやれることからやったら？」と伝えています。あまり急かさず、無理がないように、その子がしたいことができるように環境を整えています。

　月並みかもしれませんが、お金も大切です。そんな大金でなくてもいいので、せめてバスや電車に乗れる程度のお金、食べ物を買える程度のお金が要ります。お金がないとまた悪さをしてしまいます。

　そして、大事なのが話を聞いてあげることだと思います。特に若い子は、自分のことをわかってもらいたいし、聞いてもらいたい子が多いです。ただ、少年院や刑務所に入っていた子の中には、「どうせあんたには俺らの気持ちわからんやろ」「しらんくせに言わんといて」と言ってくる子が多くいます。その点、私は経験者ですので、経験者として語れるのが強みかなと思っています。悪さをしてきたことは決して褒められたことではありませんが、どん底を経験した人と、知識とやさしさだけで助けてあげようと思ってる人の間には温度差があるような気がします。「あいつら俺らのこと何もしらんとえらそうなこと言ってる」「ほんまのところは全然わかってない」といったことを言ってくることもありますが、「それはしゃーないやろ、あんたらがレアなんやから」と

返しています。家庭環境でいろいろしんどい思いをしてきた子もいっぱいいます。過去の不遇をいつまでも引きずっている子には、「ひどい環境でいろいろあったかもしれんけど、それ、全部これからのあんたのプラスやで」と伝えています。そう言えるのは、今の私が心の底からそう思えるからです。悪さをして捕まって刑務所まで行ったけど、その経験があるから同じような境遇の子の話も聞いてあげられます。中学の時に彼氏が事故で死んだ過去も、当時は悲しかったけど、今は若い子に、「人って案外簡単に死ぬんやで」「バイクでこけた瞬間ヘルメットつけなかったこと後悔してたんちゃうかな」「あんたも後悔したくなかったらヘルメットつけとき」って忠告してあげることができます。親からひどいことをされて育ってきた子には、話を聞いてそのつらさをわかった上で、「でもこれからあんたが幸せになるかどうかは親の責任ちゃうで」「小さい時はつらかったんやろうけど、大きくなってから幸せになったらええやん」「私でも出来たんやからあんたでもできるで」と言っています。

　再出発のお手伝いをしていて困るのは、薬物で捕まった子の場合、その子の近くに覚醒剤の売人や誘ってくる知人が近寄ってくることです。そういう子は、これまでの友人関係から離れて違う環境で再出発するのも一つの方法かなと思います。そして、今まで見てきた世界とは別の世界を見せてあげることも大切だと思います。特に、覚醒剤で捕まる子は覚醒剤が中心の生活になっていて、他の世界が見えていないことが多くあります。私はそういう子には、その子がこれまで遊んできたことは違うタイプの子とつなげたり、船に乗せてあげたりして、世間は広いし、これまで見てきた狭い人間関係だけが世界のすべてじゃないよということを見せてあげるようにしています。そうすれば、今まで意識しなかった世界が見えて、将来の選択肢も増えるようになります。私のところに相談に来るような若い子に、「将来なにがしたい？」と聞くと、「ペンキ屋かトビ（とび職）かアルバイト」のように答えます。その子が知っている狭い世界の仕事しか答えが返ってきません。答えで返ってくる仕事の種類はどの子に聞いてもほぼ三つです。将来の夢というより、その子が知っている仕事、自分にはそれしかできないと思い込んでいる仕事です。本当にやりたい仕事なのかどうかも怪しいですね。人は嫌な仕事だと長続きしません。私は、見えている選択肢が極端に少ない子にはその子の知らない違う仕事も教えてあげています。以前、見えている世界が狭いと感じた男の子に私の店でボーイとして働いてもらったことがありましたが、「こういう仕事もあったのか」と目をキラキラ輝

かせていました。いろんな世界があり、いろんな選択肢があることを見せてあげるのも大事だと思います。

　最後に、罪を犯した人の更生に携わる人には、失敗ばかり繰り返してきた人の気持ちをわかって欲しいなと思います。「自分（支援者）はこうやってあげたい」「こうすれば誰でもうまくいくはずだからこの方法で頑張りなさい」という、支援する側のやり方を押し付けるのではなく、その人が本当はどうしたいのかを聞いてあげてください。頭でわかっていてもできないことがあることもわかって欲しいです。人には得手不得手があります。苦手なことを急かされてやれと言われれば誰でも嫌になります。嫌になれば「飛び」ます（行方不明になること）。逃げるために悪さをしようと考えたりもします。過去に悪さをしてきた人かもしれませんが相手は人間です。塀の外に出て社会の変化に戸惑うことや新しい生活をする上での困りごともいっぱいあります。一生懸命やろうとして失敗することも何度か繰り返すでしょう。そんな時には一緒に悩んであげてください。答えが見つからなくても、話を聞いてくれるだけで気持ちは少し楽になります。気持ちが楽になれば、今まで見えていなかった道が見つかることもあります。そうやって一人の人間として接していれば、その人もまた人を信じて立ち直ろうと思えるんじゃないでしょうか。

第13章

被害・加害予防のために
── 地域の力と制度の限界 ──

林　吾郎

被害者・加害者になってもうまく説明できない人

　多くの人は、自分が犯罪に巻き込まれるかもしれないと考えて暮らしていませんし、自分がいつか罪に問われるかもしれないと思いながら過ごしている人もそう多くはいないでしょう。日頃、よく関わっている人が、何らかの犯罪の被害に巻き込まれたり、反対に加害者になってしまったりすると、驚きますし、つらい気持ちになるものです。障がいがあり、自分の気持ちをうまく伝えられない人の中には、被害に遭ってもうまく説明できずに、深刻な状態に陥っているのに誰にも気づかれないということがあります。障がい特性により意思疎通が難しい人の中には、交通事故やひったくりの被害に遭っても、いつ、どこで、どんな被害を受けたのかうまく説明できずに、泣き寝入りしてしまう人もいます。

　一方で、意図せず加害者になってしまった側に目を移すと、自分が犯罪行為をしていると自覚せず違法行為していることがあります。特に、何らかの障がい特性がある人の場合、法律やルールを理解できずに、罪の意識がないまま違法なことをしてしまう人がいます。一例をあげると、自分の物と人の物の区別がつかずに、目の前に欲しいものがあるので人の物でも取ってしまうという人がこれにあたります。被害者になったケースと同じく、加害者になったケースでも、なぜそういう行動をしたのか、うまく説明できない人は、やってもいない罪に問われたり、必要以上に重い罪に問われたりすることがあります。また、ルール違反をとがめられた際に、なぜ自分が責められているのかわからずに混乱して暴れてしまい、そのことでさらに罪に問われてしまうということも起こり得ます。

　私が関わった利用者さんの例では、2010年頃、お地蔵さんの前に置かれていたお賽銭を持っていく癖のある中年の男性がいました。おそらく、本人の意

識の中では、盗んでいるという感覚はないのでしょう。この人は、なぜお地蔵さんの前にお金が置いてあるのかよくわからず、置いてあるのだからいらないものだろうと思ったのか、お地蔵さんの前を通りがかった時にお賽銭があれば拾って持っていく習慣がありました。不思議なことに、1円玉や5円玉、10円玉は持っていかず、50円玉や100円玉以上のお金を持っていく人でした。頻繁にお賽銭がなくなることを不審に思っていた近所の人に警戒され、50円玉を持っていこうとした瞬間を取り押さえられました。自閉症スペクトラムの特性もあり、いきなり大きな声で取り押さえられたことに驚き、抵抗して相手を突き飛ばし、逃げようとしたので警察を呼ばれることになりました。素直にお金を返して「これからはこんなことはしません」と謝っていれば、手にした金額も少ないことから許してもらえたかもしれませんが、暴れてしまったことで騒ぎは大きくなってしまいました。この人は見た目の雰囲気も特徴のある人でした。知的発達症（知的障がい）があり、中年の男性ではあるもののアニメの美少女戦士セーラームーンが好きで、おでこにはピンクのリボンをつけ、女性物の下着をはいていました。近所の人からすると、女性の服を着た不審な行動をするおじさんが賽銭泥棒をしていたとなると警戒心は高まりますし、その上、抵抗して暴力をふるったとなれば騒ぎは大きくなります。その後、連絡を受けて駆けつけた支援者や社会福祉協議会の人、通院していた病院の職員がこの人はどういう人か、そして、罪の意識がなくやってしまったことを本人に代わって説明し、同じようなことが起こらないように周りが見守っていきますと話したことで事は収まりました。その後、この人はグループホームの中で役割を持ち、生きがいを見つけたことでお地蔵さんの前に置いてあるお金を拾って持っていくことはなくなりました。

　このケースでは支援者が駆けつけて、説明が苦手で状況も理解していない本人の代わりに事情を説明することで丸く収まりましたが、代わりに説明してくれる人がいなかったらどうなったでしょうか。賽銭泥棒くらいでは大きな罪には問われませんが、相手を突き飛ばしたとなると、傷害罪に問われたかもしれません。もう一つ、仮定の話ですが、この人がもっと地域の中に溶け込んでいて、近所に顔見知りが多かったらどうだったでしょう。お賽銭を持っていこうとする場面を見かけても、「おっちゃんやめとき」「それお地蔵さんのお金やで」「持っていったらあかんで」「お金に困ってるん？　福祉の人に相談したら？」という声かけだけで大ごとになっていなかったかもしれません。結果的

に、この人の場合、騒動をきっかけに一般的な価値観と本人の意識の間に隔たりがあることを支援者が知り、社会的な規範を逸脱する行為が起きないように、周りの人が動くことができたわけです。地域の中で、その人のことを知っている人がどれだけいるか、その人が困りごとを抱えたり、周囲の人から疑いをかけられたりした時にその人のために動いてくれる人がいるかどうか、それが被害者になった場合も加害者になった場合も、その後の状況の悪化を防ぐために鍵となるように思います。

2. 契約上のつながりとインフォーマルな関係

　私は平成元（1989）年から特別支援学校で職業訓練部署の職員として約25年間働いており、その後、放課後等デイサービスの事業所での仕事を経て、現在では就労継続支援B型事業所で働いています。社会福祉の業界に入ってから30年以上の時が経ちました。この間、支援者と困りごとを抱えている人（現在では利用者という立場の人）、そして地域の関係は大きく変わりました。私が働き始めた頃は共同作業所の時代でした。協働作業所は、障がいのある人の親や家族が中心となり、旧養護学校（現在の特別支援学校にあたる学校）の教員などが力を合わせて立ち上げた作業所です。旧養護学校を卒業しても働き先が見つからない人や、一度就職してもその職場になじめない人の行き場所として、草の根活動の形で運営されていました。この時代は、支援者や利用者という線引きはなく、誰が支援をする側で誰がされる側なのかもあいまいなまま、いろんな人が共に助け合っていました。そこで作業する人の多くは障がいのある人でしたが、制度的な意味での「障がい者」だけではなく、家庭にいづらい子どもや何らかの理由で学校に行けない人、職にあぶれた人も混じっていました。現在の制度での就労支援とは異なり、この条件に当てはまる人は事業所と契約すれば利用できる、この条件に当てはまらない人は対象外という区別はそこにはありませんでした。当時、共同作業所に来る人の中には、感情の赴くまま人の物を壊したり盗んだりする手癖の悪い人や関西で言う「やんちゃ」な人、現在の表現で言えば反社会的な傾向のある人もいました。当然、いろんな人が集まるため、さまざまなトラブルも発生はしましたが、何かあった時には力を合わせ、困りごとをみんなで助け合うという空気がありました。犯罪に親和性の

高い人も、共同作業所での顔の見えるつながりの中で、逸脱した行動をしやすい傾向があることやそのことで本人も困っていることがわかるので、その人が何かもめ事を起こしても、周囲の人の助けもあってなんとなく丸く収まることが多くありました。迷惑をかけられた方が「仕方ない」と折れることもあったので、「お互いさま」だからと何でも話し合いで解決していたことには良し悪しもあるでしょうが、一度の失敗から道を踏み外して地域の中で孤立し、第二、第三の過ちを犯すことを防いでいた側面もあったように思います。

　「障がい者」が事業所と契約して公的なサービスを利用できる制度のある現在と比べるとどうでしょうか。草の根運動の時代から制度として公的サービスを利用できる時代になり、職員からの虐待の防止や個人情報の保護など、権利面でのコンプライアンスは充実しているかのように見えます。しかし、支援する側と支援される利用者という契約上の関係という側面が強まるあまり、事業所に所属する支援者が個人として利用者に関わることが難しくなっているように思えます。契約していることはするけれども、契約していないことまで介入すると責任問題に発展することがあるからです。

　一例をあげると、複数の事業所を利用する利用者がある事業所で支援者とともに外出している時に、行方不明になったことがありました。担当していた支援者はすぐに事業所に連絡を取り、他の職員と一緒に探しました。その利用者が利用する別の事業所に応援を頼んだところ、「うちの利用者ではあるけど、今日は利用日でないのでうちに言われても困ります」と、一緒に探すことを断られました。「自分が関わっている利用者ではあるけれど、なぜ時間外にその人に関わらなければいけないの？」という理屈です。結局、数人で手分けして探してその人は見つかりましたが時間はかなりかかりました。共同作業所の時代であれば、誰かがいなくなったら手の空いている人を集めてみんなで探していましたが、今はそれも難しくなっています（もちろん、親身になって力を貸してくれるところは今でもあります）。

　もう一例をあげると、放課後等デイサービスを利用している子どものところに、その子どもの友達が訪ねてきて、その施設で一緒に遊びたいといった場合は、多くの施設では契約関係にない人を施設に入れることを断るでしょう。契約した利用者は施設でのプログラムを受けることはできるものの、共同作業所の時代の、好きな時に友達と私的な交流ができる自由な空気はなくなっています。事業所で働く職員も、私的な交流をするのが嫌という人ばかりではありま

せんが、何かトラブルがあった際のリスクを恐れて余計なことには手を出しづらくなっています。制度として、幅広く全国で公的なサービスを自ら選んで契約できるようになったことは良い側面もありますが、支援者と支援される側の間に障壁ができてしまった感もあります。これらの草の根活動を重視している事業所では、公的なサービスとは別に、公的なサービスではできない、地域と力を合わせた取り組みをすることで、これらの障壁を乗り越えようとしているところが多くあります。契約上の関係だけでは、他機関との情報共有をしているとは言っても関わる時間が限られるので、最初に紹介した賽銭泥棒をしてしまう人の困りごとは見えづらくなってしまいます。公的なサービスで関わることが難しいのであれば、昔あったような私的な顔の見えるつながりを広げていくことが大事なのではないでしょうか。その地域にどんな人がいるのか、どんな困りごとがあるのか、誰かが困った時には手の空いている人やスキルのある人が駆けつける、そんな関係性をもっと大事にしていくことで、被害者になっている人や加害者になるかもしれない人の困りごとに早期に気づいて、問題が大きくなる前に手を差し伸べることができるのではないかと思います。

第14章

被害者にも加害者にもさせない ための「0歳からの安全教育」

宮田美恵子

1. SOS を発信する難しさと大切さ

何か困難が生じた際、周囲に助けを求めることは思いのほか難しいものです。わかりやすく、子どもが誘拐の危険に直面している状況を想像してみてください。子どもの誘拐防止対策を知っている大人であれば、大きな声で「助けて」と叫ぶことや、防犯ブザーを鳴らすことを思いつくでしょう。しかし、家庭や学校でこうした対処法を教わっていても、実際に怖い行為や危険な状況に直面した際に、教わったことを実践できる子どもは非常に少ないのです。緊急時に適切な行動を取る難しさは、障がいを持つ子どもにとっては、より一層困難であることが容易に想像できます。

それでは、困難が発生した際に、それを断る、誰かに助けを求めるといった行動が難しいのはなぜでしょうか。

子どもの場合、大人を目の前にして SOS を発信するには非常に勇気がいります。虐待されていても親にそばにいてほしいという心理や、DV 加害者からの報復が怖いという心理が働き、思い直してしまうパターンもあります。また、自分に向けられた行為が性犯罪などに当てはまると気づいていないこともあるでしょう。

障がいや、日本語が母語でないために言葉で伝えることが難しい人もいます。さらにいえば、緊迫した状況ではそもそも声を出すことすら難しいかもしれません。

このように、心身の切実な状況によって、自分を守るための行動が妨げられてしまうのです。実際の状況に応じて対処法を活用できればよいのですが、単にそれらを教えて使用を促しても、大きな効果は期待できません。

SOS を発信するために大切なことは、「モチベーション」を高めておくことです。この「モチベーション」とは、困難に直面したり被害に遭ったりしてい

る人自身が、「行動すべきだ」と強く思うことを指します。この強い思いが、いざという場面で勇気を持って行動する原動力になるのです。

 ## 自分を守り、大切な人を悲しませないために行動する

　実際の場面でSOSを発信するためにはモチベーションを高めておく必要があると説明しましたが、こうした強い思いを育むには、「なぜ行動するのか」という問いに対する理由が必要です。

　「なぜ行動するのか」。それは、大切なものがあるからです。具体的には、本人の命や体、そして心です。また、大切な人を心配させたり、悲しませたりしたくないという思いもモチベーションを高める力になります。

　例えば、無視や暴言、暴力などの理不尽な目に遭うのは極めておかしいことで、決してあってはならないことなのだと強く思うことができれば、行動の後押しとなるでしょう。行動するには大きなエネルギーが必要なため、「これは絶対におかしい」と強く思わなければ、拒絶することが難しいのです。

　そのため、保護者をはじめとする周囲の大人は、子どもの発達度合いや障がいの特性などに合わせて工夫をしながら、日常的に繰り返しメッセージを伝える必要があります。

　自分の命や体、心は大切なもので、守るべきかけがえのないものであること。自分は大切にされるべき存在で、理不尽な目に遭うのはおかしいこと。嫌なことを断ることは悪いことではなく、権利であるということ。そして、自分を全力で守ってくれる人が周囲にいること。

　こうしたメッセージを、さまざまな形や方法で繰り返し伝えていくことで、子どもの自尊感情を高めていく必要があるのです。

 ## SOS発信のために伝えるべき基本的人権

　自分だけでなく、どんな人も大切にされるべき存在であるのは、すべての人が平等に人権を有しているからです。子どもの発達や特性に合わせてこうした権利の話も伝えていくことで、自尊感情を育てるための客観的な根拠とするこ

とができるでしょう。

　日本国憲法第11条では、自由権、参政権、社会権の三つからなる基本的人権を保障しており、人間は生まれながらにして自由であり平等であると明記されています。つまり、自分が自分らしく生きる権利は憲法で保障されているのです。

　子どもに関していえば、友だちと遊んだりすることや、自分の考えや意見を自由に話したりできること、勉強や運動ができ、毎日食事ができることと言い換えて説明するとわかりやすいでしょう。こうした環境はどんな子どもにも与えられるべきで、反対に、これらを妨げることは重大な問題であることを伝えます。

　また、ユニセフの「子どもの権利条約」では、子どもが持つ権利として、生きる権利、育つ権利、守られる権利、参加する権利の四つを掲げています。

　この四つからもわかるように、大人は子どもを大切にする責任を負います。ただし、子どもを大切にするということは、子どもの要求をすべて叶えなければならないということではありません。子どもに、権利とわがままの違いをしっかりと理解させる必要もあります。人権とは、生きていくために欠かせないことや、大切なものを求めることを拒まれたり妨げられたりしない権利なのです。

　こうした権利を持っているということを認識することで、子どもは「嫌なことは断る」「SOS を発信する」といった行動を起こせるようになります。まずは、発信するための土台作りが必要なのです。

　その次に、どのような方法があるかを知り、どのような場面でどう使うかを練習します。一連の流れを信頼できる人と日常的に繰り返すことで、いざという時に自分を守る力を発揮できる可能性が高まります。

　また、本人が守られるべき大切な存在であることと併せ、ほかの人も同様に大切にされるべき存在であることを伝える必要があります。自分の人権と同じようにほかの人の人権も守られなければならない、つまり、ほかの人の人権を侵害する行為を行ってはいけないというメッセージを通じて、被害者にも加害者にもさせないアプローチが可能となるでしょう。自分が傷ついた場合だけでなく、自分が誰かを傷つけた場合もまた、大切な人が心配したり悲しんだりするのです。

　1989年に国連総会で「子どもの権利条約」が採択されて以降、日本国内で

は条約を遵守する基盤となる法律が30年以上存在しませんでした。そのため、省庁間にある課題が棚上げされたままになっているなど、施策の整合性がとれていないことが問題でした。そこで令和5（2023）年4月に施行されたのが「こども基本法」です。この法律によって、あらゆる子どもが自立した個人として権利を守られ、平等に幸せな生活を送れることを目指し「こども施策」を総合的に推進していくことになりました。

　加えて、こども家庭庁では、「子どもの権利条約」に関連し、子どもの意見表明権として「意思決定支援」「意思決定力」を育むとしています。

4.　0歳からの子どもの安全教育論

　子どもの権利を守るには、安全のための教育も必要です。文部科学省では、安全教育の目標をおよそ次のように示しています。
- 子ども自身が被害に遭わないために危険を予測し、安全行動がとれる力を育むこと
- 他者の安全に配慮し、妨げない行動ができること
- みんなで安心安全に暮らし続けるために、他者と協働できる資質を育むこと

　これら三つの目標を達成するには、「自分には価値があり、大事にされるべき大事な存在である」と強く思える自尊感情が育まれる必要があります。

　自尊感情が強ければ、困難に遭っても自分を信じて粘り強く努力を続けられるものですが、そうでなければ「自分なんて」と思い、あきらめてしまいやすくなります。また、自尊感情がきちんと育まれていると他者にも寛容になることができ、自分だけでなく他者を守るための行動もできるようになります。守るべき大事なものがあることを知っているという強みは、他者への思いやりという形でも現れるのです。

　このように、自尊感情は非常に大切なものですが、一朝一夕に育まれるものではありません。自尊感情とは、生まれた時から誰かに愛されることで徐々に育まれていきます。つまり、自尊感情に対するアプローチは0歳から始まっているのです。

　とはいえ、言葉を理解することができない赤ちゃんは、目的を持って自分か

ら行動を起こすことがまだ難しいため、保護者や養育者が赤ちゃんの安全を全面的に守ってあげることが大前提です。そのため、０歳の赤ちゃんに安全教育を行えるのかと疑問に思うでしょう。しかし、赤ちゃんの時期というのは、安全教育の観点からも、実は非常に大事な時期だといえるのです。

　子どもは生まれたその時から、つまり赤ちゃんの頃から愛情を注がれることで、自分は愛されるべき大切な存在だと感じます。自分以外の人の存在を知り、自分を大事にしてくれる人は、自分にとって大切な人だとわかるからです。

　例えば、お母さんにやさしくあやされたり、お腹を満たしてもらったり。お父さんに撫でられたり、腕の中で安心して眠ったり。こうした日常の中にある多くの経験を通じて、赤ちゃんは感覚や感情を育んでいきます。赤ちゃんは自分を愛してくれる人の肌の感触が心地よいからこそすやすやと眠ることができるのです。

　つまり、赤ちゃんの場合、抱っこをはじめとする心地よいスキンシップによって「自分は大切にされているのだ」と感じ、「自分を愛してくれる人」との信頼関係を深めていきます。自分ではない誰かが心地よい状態を保ってくれる、自分にはそういう人がいるのだと感じることで、自分自身だけでなく、周りの人の大切さを、さらには命の大切さを知ることができるのです。

　生まれたばかりの赤ちゃんは家庭という単位から社会生活を始めるため、まずは身近な人と愛情の絆を形成していきます。この段階では、言葉が通じる前のコミュニケーションとして、愛情をこめて抱っこすることや、たくさんスキンシップをしてあげることが大切です。これらの非言語的なコミュニケーションを通じて得た信頼感が基盤となり、将来的に大切な自分を守ろうとする行動につながっていきます。安全教育が０歳から始まっている所以はここにあるのです。

　スキンシップについて掘り下げて解説すると、文字通り肌と肌が触れあえば十分ということではなく、赤ちゃんにとって心地よく、不安がない状態であることが重要です。科学的な検証としては、スキンシップには心理的な効果のほかに、胃腸の働きが活発になり、成長が促進されるという報告もあります。アメリカのマイアミ大学皮膚接触研究所によると、スキンシップには赤ちゃんのストレスを減少させる効果もあり、マッサージなどで肌に触れることは非常に有効だとしています。

　スキンシップをとる際には、赤ちゃんの目を見てほほ笑んだり、話しかけた

り、赤ちゃんの発声に返事をするなど、意識を赤ちゃんに向けるようにして効果を高めるようにしましょう。

5. 社会的孤立を防ぎ、子どもを被害者にも加害者にもしない社会へ

　ここまで、赤ちゃんにとってのスキンシップの大切さを中心に「０歳からの安全教育」について解説してきました。この「０歳からの安全教育」の考え方は、実は、障がいなどによって言葉が通じない子、理解が難しい子にも通じるものです。

　優しい声の響き、温かくて柔らかい手のひら、大きくて力強い腕の感触、なでられた頭や頬の感触から愛情が伝わり、自分は大事にされているということを感じてもらうことができるのです。

　重要なのは、これができるのは保護者や養育者に限らないという点です。例えば、地域の人や支援者をはじめ、どんな人でも、子どもに対するこのようなコミュニケーションがとれます。また、赤ちゃんに対する生まれた時からのアプローチが重要だと説明しましたが、０歳から始めなければ遅いということは決してありません。大切な人との信頼関係を築くことは、いつからでも遅くはないのです。

　障がい特性や外国にルーツがあることで日本語での意思疎通が苦手な人にとっても、こうしたコミュニケーションによって信頼関係を築いた相手というのはかけがえのない存在になるでしょう。場合によっては、家族に言いづらい話を打ち明けてくれるきっかけになるかもしれません。また、自分を気にしてくれる存在がいることで、社会的に孤立してしまい、どうしたらいいかわからないために不可抗力的に加害者になってしまう事態も避けることができるでしょう。

　このように、まずは信頼関係を築き、自分は大事な存在であることを伝えます。そのうえで、自分を守るために、いやなことは断ってよく、断ることは悪いことではないと教え、SOS を発信できるように導いていくことが重要です。

　「０歳からの安全教育」に基づき、家庭や地域社会が子どもに愛情深く接することで、社会的な孤立を防ぎ、子どもを被害者にも加害者にもしない社会を形成することにつながっていくのです。

家でも学校でもない 子どもの第三の居場所

白木早苗

1. 安心して過ごせる子どもの居場所

　子どもの社会的孤立を防ぐために、私たちはどのように関わればいいのでしょうか。子どものSOSのサインを受け取るには、周りにいる人たちが、子どものわずかな変化を受け取ることが大切です。では、子どもの一番近くにいる大人はどのような人たちでしょうか。多くの場合、一緒に暮らす家族であったり、学校の先生であったりします。仲の良い友達がいれば、その子が他の大人に困っている子がいることを教えてくれることもあります。しかし、子どもの中には、さまざまな理由で、家庭に自分の居場所がないと感じる子もいます。経済的に困窮していて子育てをする余裕のない家庭、両親が絶えず家でけんかをしている家庭、シングルマザー／ファザーの家庭で、保護者が仕事で忙しく子どもと関わる時間が少ない家庭、介護などで家庭の中に他にもケアをしなければいけない家族がいるので迷惑をかけないように子どもが自分の気持ちを押し殺している家庭、親の再婚相手や愛人が家に出入りしていて、邪魔者扱いされていると感じてしまう家庭など、いろいろです。

　家庭以外の場所で、子どもが大人と関わる時間や機会多い場所として学校があります。学校に通うことが楽しくて、学校の中に自分の居場所があると感じている子であれば、その子にとって学校は安心できる場所になります。しかし、人づきあいが苦手な子やいじめを受けている子の場合、学校の中にも居場所がないと感じてしまい、困りごとがあるのに誰にも気づかれずに放置され、問題が深刻化していくことがあります。

　第三の居場所という言葉は、2016年に日本財団が始めた「家でも学校でもない第三の居場所」づくりの事業で注目されるようになりました。この事業は、地域での人間関係が希薄になりつつある現在の社会の中で、さまざまな事情により家族から「生きる力」を学ぶことが困難な子の「生きる力」を育むために

「家でも学校でもない第三の居場所」の整備を目的として行われています。世間でよく知られているのは、子ども食堂のような取り組みでしょうか。ただ、このような居場所は世間の人の認識では、経済的に困窮している家庭の子どもに食事の提供をする場所、経済面のサポートをする場所と思われる傾向がありますが、それだけではありません。家庭や学校に安心できる場所がないと感じる子どもたちに、「あなたはここにいていいんだよ」と感じてもらう場所が第三の場所です。大人が居場所を作ってここに来なさいと指示するような作為的な居場所ではなく、子どもが安心できる場所であることが重要だと思います。

　私は、保育士やヘルパー、児童発達支援管理責任者や相談支援専門員の経験を経て、現在は大阪市内で相談支援の事業所と学習塾を経営しております。その経験の中で、いろんな子どもや家庭と出会う機会がありました。家にいることがつらい子、学校にいることがつらい子、そんな子どもたちが、少しの間でもくつろげる場所、安心して遊んだり学んだりできる場所、そんな場所が増えればいいと考えています。

2. 生きる力を学ぶ機会の創出

　学校の雰囲気になじめない子や友達関係で疲れてしまって学校にいけない子が、学校以外の場所でも学べる機会を作るということは大切です。学校に行くことが難しくなった子どもたちの中にも、勉強すること自体は嫌いではない子や、その子に適した学習環境や方法を提供することで、学習を継続することができるようになる子がいます。何らかの障がいがあり、特別支援学校に通う子の中には、学ぶことが好きな子もいます。ただ、特別支援学校は、普通学校と比べて勉強に割く時間が少なく、十分な学習ができない傾向にあります。生活を送る上での支援は必要だけれども勉強は好きな子の場合、安心できる場所で学習すれば、自信を持ち、力を発揮できるようになる子もいるのです。学歴だけで人生が決まるわけではありませんが、学び続けたいと願う子に学べる機会や場所を提供することはその子の人生を豊かにしますし、将来の選択肢も広がります。

　また、何らかの理由で高校に進学できなかった子、学校になじめず中退してしまった子が、学校ではない場所で学び続け、高校卒業資格を取得できる機会

を作ることも大切です。中卒だから望むような人生が生きられないということではありませんが、今の日本では高校卒業資格がないと正社員になることが難しいという現状もあります。本人が高校卒業資格を取得したいと望むのであれば、一般的な学校とは別の学習環境を選べるということも子どもの人生の選択肢を増やす上で大切です。

　学ぶというのは、ただ単に勉強ができるようにするということだけではありません。社会に参加するということは人と関わりながら生きていくということでもあります。何らかの形で人との関わり方を学び、自分を大切にしつつ、他の人にも思いやりを持てるような、良好な人間関係を学ぶことも大切です。教室という場所や多くの子どもが集う場所が苦手な子であっても、静かな環境で、気を使わなくていい顔見知りの少人数の人となら、落ち着いて学ぶことができる子もいます。家庭や学校に居場所がないと感じる子どもたちには、その子に適した方法で人と関わりながら少しずつ人間関係を学ぶ機会を作ることも重要です。子どもの第三の居場所とは、学ぶことができ、遊ぶことができ、くつろぐことができ、つらくなったら誰かに相談できる環境の中で、自分が使ったものは自分で片づける、体を清潔に保ち、身だしなみを整えるなど、自立するための力を育む場所でもあります。

　社会の中で自分の役割を見つけること、働くということも勉強と同様に必要なことです。さまざまな仕事があること、世の中にはいろいろな人がいて多種多様な働き方をしていることを、職場体験などを通して知ることも子どもの成長や自立において大きな力となります。経済的な貧困や病気などの理由で余裕がない家庭、家族全員が社会的に孤立している家庭の子どもは、学校に通うことも難しくなっていることがあり、家庭や学校だけではこのような豊かな体験をする機会を得ることは難しくなります。地域の中に、子どもたちが安心して過ごせる場所、豊かな体験ができる第三の場所があることが、子どもの孤立を予防し、さらに、子どもを通して家庭の孤立にいち早く気づきやすくなります。虐待や子どものひきこもり状態、依存症など、孤立した家庭に起こりやすい課題がいくつかあります。このような課題は、放置していると家族間の関係性の悪化や精神状態の悪化を招き、周囲が気づいた時には問題が複雑化してしまっていることがあります。困りごとを抱えている家庭の存在に早期に気づくことで、問題の深刻化を早い段階で予防しやすくなるでしょう。地域の中に子どもたちが安心して立ち寄れる場所が増えることで、子どもだけではなく家庭の孤

立も防ぎやすくなります。ただ、子どもの中には何らかの障がい特性がある子ども、配慮や支援が必要な子どももいます。家庭についても、依存症や精神疾患のある家族がいる場合、医療機関や公的サービスにつなげる必要が出てきます。子どもの第三の居場所には地域の人の協力も欠かせませんが専門知識を持った人が関わることも適切な対応をする上で重要となります。多くの人たちが力を合わせて安心できる場所を作っていくことが、子どもの社会的孤立の予防の一助となるのではないでしょうか。

第16章

孤立の予防と居場所としての
子ども食堂

宮﨑充弘

1. 子どもの孤立と家庭の孤立

　罪を犯してしまった人、特に、障がいがあり生きづらさを抱えたまま違法なことをしてしまった人の幼少期の話を聞くと、過酷な環境で育っていることが多くあります。家族から虐待を受けてきた人、何らかの理由で親がいない環境で育ってきた人、家にいると親の愛人から暴力を受けるから生きるために夜の街をさまよっていた人、さまざまな人がいます。困りごとが起きても相談できる人が周りにいなくて、どうしていいかわからないまま過ごし、していいこと、悪いことを学ぶ機会に恵まれないまま、一人で生きてきた、そんな人が多くいます。

　このような人は、一般的な子どもが体験していること、例えば、トランプをして遊んだり、動物園に行ったり、地域のお祭りに参加したり、そういった些細ではあるものの大切な体験を一切していないことも多くあります。法律違反した人がつらい子ども時代を過ごしたからかわいそうだと言うつもりはありませんが、彼らの幼少期の思い出を聞くと、規範を学ぶ機会や人を信じる体験、人に何かをしてありがとうと言われる経験が乏しかったのだろうなと気づかされます。視点を変えれば、子どもの頃に孤立を防ぎ、豊かな経験を積み重ね、困ったら誰かに相談できる環境があれば、これから罪を犯してしまう人を減らすことができるのではないかと考えます。近年、法務省を中心に再犯の防止の取り組みが盛んに行われていますが、犯罪を減らすという観点で言えば、罪を犯す前の段階、特に子どもの時期に孤立を防ぐことでそもそも犯罪に親和性の高い環境から遠ざけ、結果的に犯罪をする人を減らせるのではないでしょうか。子どもの孤立というと、親のせい、家庭のせいと思う人もいるでしょう。

　しかし、罪を犯してしまった人の家庭環境を見ると、親や家族も、貧困や障がい、誰かからの暴力で自分が生きるのに精いっぱいで、子どもに関わる余裕

がなかったという状況が多く見られます。親がしっかりしていれば、家庭が
しっかりしていれば犯罪なんてするような人にはならない、と単純に家庭の責
任だけを追及しても解決しません。そのようなことを言い続けても、つらい状
況にある家庭はそれを恥だと思って隠し、さらに誰にも相談できない状況に追
い込まれてしまいます。子どもの孤立を防ぐということは、家庭の孤立も防ぐ
ということでもあります。シングルマザーやシングルファザーといった一人で
子どもを育てている家庭、自身の障がいや家族の介護などで余裕がない家庭に
子育ての責任をすべて押し付けることは現実的ではありません。家庭だけでは
なく、地域の人と一緒に、みんなで子どもを育てていくという発想が子どもや
家庭の孤立を防ぐために必要となります。

2. 子どもが安心できる場所

　子どもの孤立を防ぐための取り組みの一つに居場所づくりがあります。放課
後の子どもが集まれる場所や子どもたちが学び合う場所、子どもが安心して食
事ができる場所など、さまざまな活動が各地域で行われています。一般によく
知られる子どもの居場所づくりの取り組みに子ども食堂があります。子ども食
堂というと、貧困対策の一環として見られることがあります。「食堂」とある
ので、子どもに食べ物を提供するだけの場所だと思っている人も多いでしょう。
実際に、経済的に苦しい状況の家庭の子どもたちやその保護者に食事提供をす
ることを活動の主軸にしている子ども食堂もあります。子どもが健やかに育っ
ていくために、十分な食事を得ることが難しい子どもたちへのこうした取り組
みも必要だとは思います。ただ、私は子ども食堂にはもっと可能性があると考
えます。それは、先に述べた子どもの居場所、安心できる場所としての子ども
食堂です。単に経済的に苦しくておなかがすいている子への支援では、経済的
に苦しくないけれども、親の再婚相手との折り合いが悪いなどで家にいること
が難しい状況の子どもはその対象から外れてしまいます。家で安心して食事す
ることができない子も安心して来ていい居場所、そういう側面も子ども食堂の
機能としてあります。
　私が関わっている子ども食堂に大阪府堺市にある「ひみつ基地」というとこ
ろがあります。ここでは、学校でも家でもない第三の場所として子どもたちに

居場所を提供しています。ひみつ基地という名前の通り、家族にも内緒で来て
もいい場所になっています。子ども食堂ですので食事も提供しています。ただ、
食事の提供だけではなく、遊びや職業体験など、経験を通して学校や家庭では
得難い「学び」ができる場所となっています。子どもたちが経験を積む場所と
しての子ども食堂です。周りの大人たちに「こういう世界を見せてみたいから
手伝ってください」と発信して協力を得ています。例えば、サーカスを体験し
てもらう場合、子どもたちにサーカスの裏方を手伝ってもらって、通常ではな
かなか見ることができない視点からサーカスの世界を見てもらいます。マス
カット農家に協力をしてもらい、一般には高級品とされるマスカットを子ども
一人に一房食べてもらうという経験をしてもらったこともあります。最初のう
ちはおいしいおいしいと食べていても、子どもにマスカット一房は量が多かっ
たのでしょう。「もうおなかいっぱい」「もうええわ」という子どもも出てきま
す。一見、ぜいたくをさせているようにも見えますが、ぜいたくを今までした
ことのない子がこのような体験をすることで、「憧れていたけど実際やってみ
ると意外とこんなものか」と思うこともありますし、「また同じようにマス
カットをおなかいっぱい食べてみたい」と思えば、今度は自分でお金をためて
自分で買おうという気持ちにもなります。それは明日への一歩を踏み出す活力
になります。こうした豊かな体験の積み重ねが、意思を形成し、意思決定をす
る上での基盤となります。ここで過ごした子どもたちが大人になったらどうな
るか今から楽しみです。子どもの居場所というと、つらい思いをしている子ど
もの逃げ場所といった印象を持たれがちですが、単なるシェルターではなく、
居場所であり、豊かな経験ができる場所であり、一人ではなく多くの子どもと
そこにゆるやかに関わる大人と共に学び合える場所、そういうポジティブなイ
メージであってもいいと私は思います。

　もう一つ私が関わっている取り組みに、河内長野のNPO法人ぬくもりさん
が2024年から展開しようとしている子どもの居場所事業があります。人通り
の多い商店街の空きスペースを借りて、学校に行くことが難しい子どもたちで
もゆるやかに人とつながれる場所です。子どもたちを制限せず、力が発揮でき
る場所、知識と経験を積み重ねることができる場所、そんな場所を子どもたち
と作ろうとしています。この事業でも、子どもたちが豊かな経験を積むことで
将来の選択肢を広げられるようにし、子どもたちが失敗しそうになった時や道
に迷った時にそっと助言ができるような場所になればいいなと願っています。

子どもは一人では育ちません。未熟な時期に、周りの大人が支えてあげる必要があります。家族が経済的、精神的な理由で、または健康面の理由で余裕がなければ、子育ては難しくなります。

　しかし、家族でなくても周りにいる大人の誰かが子どもと関わることで、子どもはすくすく育っていきます。子どもの居場所のもう一つの役割として、困っている子どもに手を差し伸べるだけでなく、その背後に見える困った状況にいる保護者、孤立している家族を発見し、手を差し伸べるという点があるかと思います。家族が孤立していると子どもも孤立してしまい、つらくなってしまいます。

　河内長野の子どもの居場所事業では、家族が相談できる場所、SOS を出せる場所、疲弊した家族をエンパワメントできる場所、そんな場所を目指しています。家族同士で話を聴いたり助言したりできる（ピアサポート）場所、福祉職や医療職など困っている人を支える支援者を支える場所を作ろうとしています。このように、誰か一人に負担が押し寄せるのではなく、お互いが支え合い、みんなで幸せを共有できる地域づくりを進めることで、子どもの孤立や家庭の孤立を防ぐことにつながるのではないかと考えています。

3. 子どもの SOS のサインと大人の関わり

　子ども食堂などの子どもの居場所には、さまざまな境遇の子どもたちが集まってきます。つらい状況の子どもはいろんな形で SOS のサインを出してきます。わかりやすいのは、髪を派手な色に染める、奇抜な服装をするなど、人の注目を集めようとする形でのサインです。粗暴な言動や暴力的な行動、叱られるとわかっていてもこれ見よがしに飲酒や喫煙をすることもあります。このような行動には誰かから認められたい、馬鹿にされないように自分を大きく見せたいという気持ちが背景にあることが多くあります。大人からするとこういう子どもたちは目立つので、困っている状況にあるということに気づきやすく、案外、手を差し伸べられる機会に恵まれます。一方で、困った状況にあるのに言い出しにくい子どもたち、周りから見るとおとなしく、大人を困らせるような行動をしない子はつらい状況にあることが見落とされる傾向にあります。子ども食堂のような子どもの居場所では、子どもの支援や福祉・心理・教育の専

門知識を持っていない一般の方が関わることが多くあり、目立つ行動をしている子には声かけをしても、目立たない子はおとなしくていい子と思われ、困りごとに気づかれないことがあります。一般の人が子どもに関わる機会が増えるということはよい側面もありますが、子どもの SOS に気づくという意味では、専門性を持った大人がある程度、その取り組みに関わることも大切です。

　専門性を持った大人が関わることが重要なもう一つの理由として、支援者の価値観を押し付けることを抑制できるという点があります。子どもは未熟です。間違ったこともしますし、失敗もします。他の人に意図的に迷惑をかけた場合は叱ることも必要ですが、大人の常識を一方的に押し付け従わせるだけでは本当の意味での解決にはなりません。なぜそのような行動をその子がしたのか、例えば、他の子の物を盗ったり、殴ったりした場合、その行動がいけないと教えるのは大事ですが、その子と一緒に、他にもっといい方法がなかったか考えてあげる必要があります。大人に従いなさい、大人の作ったルールを守りなさいと言うのではなく、その子自身が良い人間関係を培っていく力をつけることが大切です。子どもの居場所はあくまでも子どもが中心となれる場所です。問題を起こしそうな子を監視する場所であってはいけないと思います。子どもは大人のことをよく見ています。気の毒な子どものためにこれだけ支援してあげていますという空気の場所であれば子どもは逃げていきます。そのような子は寂しいので、似たような境遇の子どもとつながろうとします。コンビニエンスストアの前で深夜にたむろしている子どもたちも、居場所がないから子どもたち同士で身を寄せ合っているのです。子どもだけで集まると、自分が他の子よりも勇気があると見せようと意地の張り合いをして、違法な行為に走ってしまうこともあります。子どもたちが集まる場所に、大人がゆるやかに見守ってあげる環境、そういう居場所が必要だと思います。違法なことをした友達のために、仲間のためにとやってもいないことを自白する子もいますが、その友達を思う気持ちはくみ取ってあげながら、「人の物を盗んではいけないんだよ」「人を傷つけないで伝える方法もあるんだよ」と助言してあげられるような環境を整えることが、子どもの居場所づくりには大切だと思います。もっと言えば、子どもたちが子ども食堂のような居場所を自分たちで運営し、大人がその取り組みを支えるという形があってもいいでしょう。

4.　子どもから学ぶ、罪を犯した人から学ぶ

　子どもたちが困っている時に誰かに助けを求められるようにするには、自分の気持ちを誰かに伝えられる環境、子どもの話に耳を傾けてあげられる環境が必要です。子どもたちのためにやってあげる、指導してあげるという態度を大人が見せていると、子どもたちは瞬時に察して自分の本当の気持ちを隠してしまいます。未熟な時期ですから、大人から見ると非常識なことを言ったり、社会のルールから逸脱していると思える行動をとったりすることもあります。その場合は、大人から「もっといい方法あるよ」「こうしたらどう？」と提案すればいいのです。非常識な言動を頭ごなしに否定してしまうと子どもは自分の意見を言い出しにくくなります。一見、常識的な行動を身につけられるように親心で指導しているように見えますが、結果的にその子が自分の頭で考えて行動し、自分の決断によって生じた結果に責任を取るという機会を奪ってしまうことにもなりかねません。子どもが本当はどうしたいのか、何に困っているのか、大人が耳を傾けて、その子の希望の実現や困りごとの解消のためにどうすればいいか、子どもと一緒に考える機会を作ること、それが子どもから大人が学ぶ場所が子どもの居場所と呼ばれる場所に求められることではないでしょうか。

　これは、罪を犯してしまい、再出発しようとする成人の支援でも同様に言えることです。「悪いことをしたのだから黙って従いなさい」ではなく、「これから失敗しないようにするにはどうすればいいか」「みんながより幸せになるにはどんな方法があるか」について、罪を犯した人から学び、一緒によりよい社会を作ることが、孤立の予防や更生支援に必要なことだと思います。

第17章

逆境体験のあるこどもとの関わり

北野真由美

1. 逆境体験をしてきたこども

　私は、1997年の市民活動から2000年にNPO法人えんぱわめんと堺を立ち上げ、代表として大阪府を中心に、こどもの権利をベースにこどものあらゆる暴力防止（虐待、いじめ、誘拐など）こどもの虐待防止といじめの早期発見、おとなたちの人間関係の改善、障がいのあるこどもの支援、こどもと関わる教職員や保護者、地域住民への研修などの活動に取り組んできました。

　30年近くのこどもとの関わりの中には、教育現場で出会うこどもだけではなく、養護施設や障がいのある支援を必要とするこどものワークショップの場や、そのきょうだいたちの場、地域でのこどもの居場所となっている場所で出会うこどもたちも少なくないです。

　特に、こどもの居場所となっている場では、いじめや虐待、貧困、障がいなど、さまざまな理由で生きづらさを抱えているこどもたちが訪れます。何か困りごとがあってつまずいたり、傷ついたり、一人ぼっちになったり、誰かに暴力を振るわれたり、家にいるのが嫌になったり、苦しい思いをしたこどもがいつでも訪れていいように24時間受け入れが可能な場所、その場では、毎月エンパワメントの会を実施していて、こどもの力を促す遊びを取り入れながらのワークショップやこどもの気持ちを聴く活動をしています。

　これまで私自身が体験をしたことのないような体験や経験を、こどもの声から聴き、その出会うこどももおとなも、その人のせいではなく何かのつまずきや、社会の生きづらさから、社会から外れてしまうような結果を自らおこしてしまう例も少なくないことを見てきました。一人ひとりの支援を考えた時、その局面で出会う身近な人からできることや社会のシステムなどをともに考えたいと思っています。

　逆境体験と書きましたが、これは客観的に見て「つらい状況だろうな」と見

える状況です。はたから見ていると、「こんなひどい目にあっているのになん
でこの子は助けを求めないの？」という状況のこどもでも、本人はつらいと言
わないことがあります。それどころか、つらいと自覚していないことすらあり
ます。それは、自分の中で「つらい状況にいる」と一度認めてしまうと、耐え
られなくなり、生きていけなくなるからだと思います。そういうこどもは、お
となから「大丈夫？」と声をかけられても「平気」「これくらいいつものこと
だから何ともない」とはね返してきます。困っているこどもたちに手を差し伸
べるには、まず、その子の置かれているその状態を理解する必要があります。

　罪を犯してしまう人も、その人の生まれ育ってきた環境を見つめると罪を犯
してしまうに至る流れが見えてきます。万引きや傷害といった犯罪に手を出し
てしまう子も、その子たちに実際に出会って向き合うと、全然この子たちのせ
いじゃない、この子は根っからの悪人ではない、と私は感じます。犯罪は犯罪
なので、法律に触れることをしたのであれば、罪を償って被害にあった方には
誠実に対応する必要はありますが、では、なぜこの子たちが罪を犯してしまっ
たのかという点に目を向けると、そこには必ず理由があります。なぜ人の物を
盗らないといけないのか、なぜ相手にけがをさせるまでの行動に至るのか、そ
こには本人が追い詰められている状況や、生きるために必死で一人では耐え難
い圧力がかかってしまっている環境があります。犯罪を未然に防ぐためには、
罪を犯すに至る前の段階で、こどもたちのサインを察知し、手を差し伸べる必
要があります。

2. アタッチメントの課題

　周りのおとなから「この子は暴力的な子なんです」と言われる子に出会う機
会が多くあります。しかし、根っこから暴力的なこどもはいなく、その暴力や
関係の持ち方をどこで身につけてきたかということが、暴力的な子にしている
と考えます。その子のが誕生してからこれまでの育ってきた環境を聴くと、ア
タッチメントの課題が見えてきます。

　誕生をして、人への認知能力が発達していく段階で、周りから十分な対応や
関わりを与えられていると、感情がはぐくまれ、人への安心感や信頼感を身に
つけることができます。その時期に何らかの理由で、安心できる環境や、愛情

を受けられる環境でなかった場合は、人との適切な関係づくりが難しくなります。

　例えば、「しまった」と何か間違ったことをやってしまったと思った瞬間目つきが変わり、周りの子や自分自身さえけがをしてしまいそうなくらい暴れてしまう子がいます。暴れている状態になると、本人も何に怒っているのかわからない様子になってしまいます。この子に必要なのは、「暴れたらいけないよ」と諭したり責めたりすることよりも、「しまった」と思うことがあっても、解決できる方法をいっしょに考えてくれる人がいるという安心感であったり信頼感を育むことです。自分を大切に思ってくれる人がいる、自分のことを見てもらえる、話を聴いてもらえる、そういう体験ができる環境です。そんな「守られる」「保護してもらえる」「常に味方でいてくれる」環境に居なかったこどもは生きることと懸命に戦っていて、強くないと生きていけない、勝たないとここには居られないなど、弱肉強食の世界観を持っていることが多くあります。小さい子でも、勝たないといけないと思っておとなにマウントを取ろうとすることもあります。このような行動が見られた時も、対応するおとながその子が安心できる状態に持っていくことが大切です。周りのおとなが無理やり「ごめんなさい」と言わせても、その場面では謝罪させることができたとしても、それでは本当の意味での解決にはなりません。

　例えば、みなさんは間違って隣の人の鉛筆を使ってしまっていたことに気がついたら、どのような対応をするでしょうか？　多くの人は、「ごめんなさい、うっかりあなたの鉛筆を使っていました」と持ち主に謝って鉛筆を返すでしょう。ごめんなさいと言わないにしても、そっと返す人が多いと思います。それはみなさんが人の鉛筆をうっかり使ってしまったくらいの状況であれば、持ち主に返したり、「ごめんね」と謝ったりすれば許してもらえることをどこかで学んでいるからではないでしょうか。それくらいのことで激怒する人はあまりいませんし、実際に大した問題じゃありません。

　ただ、人との安心感や信頼感を学んでいないこどもは、「しまった、どうしよう」と緊張状態の中で、鉛筆を窓から投げ捨てるなどして、自分がしてしまった失敗を何も無かったことにしようとすることがあります。客観的に見れば、些細な失敗なのですが、周囲から十分な愛情を受けて育ってこなかったり、虐待を受けて常に責められる環境で育っていたりすると、その小さな過ちすら恐れてしまうことがあります。人の鉛筆をうっかり使ったくらいだったら謝っ

たら許してもらえる、という安心感や人への信頼感が育っていないと、人の鉛筆を間違って使ってしまっただけでもどうしていいのかわからなくなることがあります。その子がその状況で見ている心の風景は、例えるなら、崖っぷちに立たされているようなものです。一歩でも退いたら崖から落ちてしまうのではないかと思い込んでいるのです。言葉や態度で強がっているように見えたとしても、それは恐怖心や不安感の裏返しです。この状態の時に周りのおとながさらに近づこうとすると、自分に向かってくる相手に攻撃されるのではないかという思いから激しく抵抗してきます。過度な警戒をしている子に近づこうとすると、その子は攻撃態勢を強めて歯向かってきます。しまった、叱られる。さらに怖い目に合うかもしれないと恐れているその子が一歩前に踏み出せるような安心できる言葉がけをすることが大切です。鉛筆を間違って使った例で言えば、仮に混乱して窓から鉛筆を投げ捨てたとしても、「大丈夫」「それくらいのことだったらごめんねって言えば問題ないよ」「どうしたの？」「今どんな気持ちなの？」「それでも私は見捨てないよ」「それくらいのことで私とあなたの今までの関係は変わらないよ」と、その子を安心させてあげることです。同じような状況に遭遇しても何度か失敗を繰り返す中でそのうち、その場に応じた適切な対処がしやすくなります。自分自身や自分の周りにいる人を信頼できるようになれば、余裕を持って行動しやすくなります。

3.　安心できる状態や場所

　人と人との信頼感は、どのように育まれるのでしょうか？　目の前にいる人と人との小さな安心の積み重ねによって信頼感が生まれてくると思います。これは、罪を犯してしまった人、これから再出発しようとする人にとっても同じでしょう。その人が小さい頃に安心できるような環境で育っていない場合、安心できる状況を体験を通して積み上げていく必要があります。そして、自分の気持ちを伝えられる環境、自分の気持ちを受け止めてもらえる環境も必要です。私は、週末里親と養育里親として8年以上里子と生活を共にしています。

　私は、幼少の頃からさまざまな抑圧の中で生きてきたこの里子たちとの生活の中で、大事な感覚や感情が育まれる時間や場を大事にしています。

　具体的には、食べ物を一緒に食べる、すっぱいものが好き、すっぱいものは

嫌いなど、感覚を言語化して伝えてもらい、その言葉に共感するようにしています。味覚だけではなく、色や音など、五感を表現できるように関わっています。自分の感情についても、その子なりの表現の仕方で気持ちを伝えられるようにします。幼い頃のイヤイヤ期（2歳前後の子が育つ過程で自己主張が強くなる時期）に周りのおとなから放置され、気持ちの伝え方を学ぶ機会を失うことがあります。そのような環境で育った子は、感情の表現も嫌な状況では「うざい」「うっとうしい」、うれしい状況でも「まあええんちゃう？」のような、乏しい語彙でしか伝えられなくなっていることが多くあります。言葉でうまく言えないから暴力という形で表現してしまうこともあります。何が嫌なのか、どうして欲しいのか、相手を傷つけない形で表現できる力を身につけることが大切です。「嫌だ」と言っても、状況によってはその子の言い分が通らないこともありますが、まずは、自分が嫌だという気持ちを表現でき、それを受け止めてもらえるという体験を積み重ねる中で、人との適切な関わり方を学ぶことができます。

　次に、自立して生きていくためには自分を大切にすること、自分の体は自分のものだという意識を持つことが必要です。私の活動の一つであるSAY（性、生）の会では、義務教育を終えるまでに、「食事」「睡眠」「排泄」「（身体の）清潔」を自分で管理できることが大事だと伝えています。障がいにより、誰かに手伝ってもらうことはあっても、「私の代わりに食べといて」「私の代わりにトイレに行ってきて」と、誰かに自分の代わりを頼むことはできません。自分が何を食べて、それがどう栄養になっているのか考え、食事や睡眠、排泄、清潔を通じて自身のからだの状態に向き合い、自ら健康を考えることで、自分の体や自分の心を大切にしようとする意識を持てるようになると考えています。

4.　「支援する／支援される」の関係から対等な関係へ

　前述3で述べた"安心"は、ただ単にモノで満たそうとして来たり、お金だけで操ろうとして来たり、表面的なやさしい言葉で育まれることではありません。ともに生きる場でそばにいるだけで恐怖や不安を払いのけてくれる、そのままの自分をそのままの状態で受け入れてくれる関係の中に起こってくる気もちが"安心"だと思っています。

　ただ、その"安心"が育まれていない状況の中で育ってきた人は特に、誰かに食べ物をおごってもらったり、やさしい言葉をかけてもらったりするだけで、相手のことを全面的に信用してしまうことがあります。やさしくしてくれた人に法に触れる行為を頼まれると、違法とは知らずに手伝ってしまうこともあります。この場合、法律上は違法行為をした加害者であったとしても、騙されてしまった被害者でもあります。ネットでの交流で性被害を受ける子の中にも、「誰も自分の話を聴いてくれなかったけど、この人（騙した加害者）は聴いてくれた」「自分のつらいという気持ちに共感してくれた」という子がいます。裏を返せば、悪意のある人物にいいように利用されている人の周りに、話を聴いてくれる人や手を差し伸べてくれる人がいなかったことを物語っています。騙されて、意図せず違法な行為の手伝いをさせられる前に、誰かがその人のつらい状況や困りごとを誰かがわかって話を聴いていたら、加害者にも、被害者にもならずにすんだケースもあるでしょう。

　罪を犯してしまった人の更生支援に目を向けると、支援者側に「あなたは過去に悪いことをしたのだから文句を言わずに黙って自分（支援者）の言う通りにしなさい」という意識が垣間見えることがある点が気になります。確かに過去に罪を犯した人であれば、反省は必要でしょうが、自分の気持ちも伝えられずに支援者の言いなりになるのは問題です。これは、更生支援や障がいのある人の支援だけではなく、高齢者やこどもなど、他の支援の領域にも見られる傾向です。支援者が強者として困っている相手に指示をして、支援される側はそれを受動的に受け入れるという、強者と弱者の構図です。自分の気持ちを伝えることが苦手な人の場合、自分の頭で考えて行動するよりも、人の指示に従った方が楽だと感じることがありますし、支援する側は反抗せずに指示通りおとなしく従ってもらえたら支援がやりやすいので、この力関係が強化される傾向にあります。このように、支援する側と支援される側といった関係が固定されてしまうと、その人の本来の力を発揮する機会が失われてしまいます。支援してあげる、してもらうという上下関係ではなく、対等な関係の中でこそ良好な関係ははぐくまれ、それぞれの力を活かせるようになります。私たちの団体にも、こどもが好きだという人から、「こどもを元気にしてあげたい」という理由で私たちの活動に参加を希望する人がいますが、その時点で視点がずれているのです。私たちはこどもを元気にしてあげようとしているのではなく、私たちがこどもから元気をもらい、こどもたちの持っている力を発揮できるような

環境を作っているのです。これはこどもとの関わりだけではなく、多くの人間関係で言えることですが、やってあげる、してもらうという関係性が固定化すると、いびつな関わり方をしてしまいます。ある場面では誰かの手助けを必要とする人であっても、その人が誰かのために力を発揮して誰かを手助けすることもあります。その人の持っている力を信じる、その気持ちを持つことが困った状況にいる人と関わる上で大切だと思います。

注　「一人ひとりが対等である」という筆者の考えを尊重しているため、ここでは、大きい小さいという上下関係を想起させやすい「こども」「大人」という表記ではなく、「こども」「おとな」というひらがな表記にしています。

第18章

ヤングケアラー
──家族のために自分の時間を費やす人たち──

三好真基子

1. 「ヤングケアラー」と呼ばれる人たち

　「ヤングケアラー」という用語をご存知でしょうか。ヤングケアラーは、厚労省の子ども・子育て支援の重要な課題の一つとして、近年、注目されるようになっています。報道でも取り上げられる機会が増えているので耳にしたことがある人も多いでしょう。制度上の正確な言葉の定義は現在のところありませんが、多くの場合、何らかの障がいや病気を持っている家族（両親や祖父母、きょうだいなど）の介護や看病、日本語が母語（または第一言語）でない家族の通訳や翻訳など、本来、子どもが負担できる範囲を超えた過度のケアを日常的に行っている子どもや若者のことを指して使われます。令和2（2020）年度および令和3（2021）年度に行われた厚生労働省の調査「ヤングケアラーの実態に関する調査研究報告書」（令和2（2020）年度は三菱UFJリサーチ＆コンサルティング株式会社政策研究事業本部、令和3（2021）年度は株式会社日本総合研究所）では、「世話をしている家族がいる」と回答した小学6年生は調査数全体のうち6.5％、中学2年生は5.7％、全日制高校2年生では4.1％、大学3年生は6.3％であったと報告されています。

　読者の中には、「家族なんだから困っている時は子どもであっても、多少は家事のお手伝いするのは当然」と思う方もいるかもしれません。しかし、私がこれまで関わってきた若者の中には、「多少のお手伝い」の範囲を超えて、自分の時間の大半を費やしてきた人たちがいます。過度な負担を強いられている具体例を挙げると、家族のケアのために毎日、2～3時間しか睡眠時間を取れない若者や障がいのある家族の介助のために学校へ行かない子どもがいます。学習の時間が削られるため、学校の勉強についていけず不登校になる子、高校や大学を中退してしまう子、進学をあきらめてしまう子もいます。家計を支えるために働き、自分の夢や資格の取得をあきらめてしまう高校生や大学生もい

ます。このように表現してしまうと、子どもに負担を強いるひどい親や家族だという風な印象を受ける方もいるかもしれません。実際に虐待や虐待に近いケースもありますが、必ずしも家族が子どもにケアや家事を強制しているわけではなく、親や家族はそんなに頑張らなくてもいいと思っていても、子どもが「自分が家族を守らなければ大切な家族がだめになってしまう」という強い思いで、自発的に頑張りすぎていることがあります。家族自体が社会的に孤立しているために家族以外を頼りにできないこともあります。また、子どもの保護者が何らかの障がいや、母語（または第一言語）が日本語でないことにより、難解な専門用語が理解できず、利用可能な公的な福祉サービスや制度、民間の支援団体の支援につながらないため、家族以外に助けを求められない状況に陥っているケースもあります。「ヤングケアラー」という用語を目にすると、家族のことで困っている子ども・若者の社会問題であり、その子ども・若者に手を差し伸べれば解決する課題と受け取られがちです。しかし、実は、子どもだけではなく孤立している家族に目を向け、早期の段階で支援の手を差し伸べることが重要になります。家族のケアや家事を子どもが負担せざるを得ない状況に陥っている家族には、さまざまな背景があります。家族が抱える困難で言えば、障がいや病気、貧困、アルコールや薬物などの依存症、外国にルーツを持つ家族特有の課題、保護者の別居や死別、失踪、逮捕など、本人が抱える苦しさで言えば不登校や学校の中退、頑張りすぎることで発症する精神疾患など、多種多様な困難が背景にあり、時に複数の問題が重複することもあります。それだけに、「家族のケアのために自分の時間を削っている」という共通点があったとしても、一つの制度や支援方法だけで解決することは難しくなります。この複雑さにより、これまでの制度や公的サービスの支援の網から漏れてしまっていたという側面があるでしょう。

　ただ、家族の障がいや病気など、その家庭が抱えるいくつかの困難については、介護保険や障がい福祉サービスといった公的な福祉サービスや制度の利用で家族の負担を軽減できることがあります。周囲が家庭の孤立や疲弊している子どもに早い段階で気づくことで解決の糸口が見つかることもあります。それだけに、家族のケアや家事を過度に頑張りすぎている子ども・若者の存在を多くの人が知っておくことが大事です。「この子かなり頑張りすぎてるみたいだけど大丈夫かな？」と気づいた人が手を差し伸べることができれば、その人だけではなく家族の社会的な孤立も含めて予防できるかもしれません。私がこれ

まで出会ってきた若者の例をいくつか紹介する中で、読者の方にもどのように
すればこのような人々の孤立を防げるかについて考える機会につながればと思
います。

2. 私がこれまで出会ってきた若者たち

　社会の中で孤立し、支援を要する若者の話をする前に、まず、私がこれまで
どのような取り組みをしてきたかについて簡単に述べたいと思います。私は、
放課後等デイサービスという施設で約8年ほど職員として働いてきました。そ
こで色々なお子さんと出会い、いろいろな家庭を見てきました。虐待を受けて
いる子、育児放棄や DV（Domestic Violence：ドメスティックバイオレンス、
家庭内暴力）の状況に常に晒されているような家庭の子には特に強い印象を受
けました。一般的な家庭の子が、朝、日常的にすること、例えば、① 朝起き
て、② 歯磨きや洗顔をして、③ 食事をして、④ 学校へ行くという行動が、全
くできていないのです。保護者も貧困や障がい等の何らかの問題を抱えていて、
その状態を放置していたり、どのようにして関わったりいいのかわからなかっ
たりしています。その結果、子どもは朝起きられないので学校に遅刻し、身体
の清潔が保たれないので虫歯になったり、朝ご飯を食べられず栄養が足りてい
ないのでイライラしたり、正常な判断が難しくなります。朝寝坊してしまうの
で、お昼ごろに学校へ行って給食を食べて帰る、そんな生活をしている子ども
たちに出会ってきました。明らかな虐待が認められるケースでは、施設に入所
するケースもありますが、子どもの健康や健全な成長の観点からすると、食事
を適切に取れるようになっただけでも良かったと思う事例も多々ありました。
正直言うと、私自身も生活が苦しくなった時期がありました。ただ、私の場合、
私の息子と娘だけには食の苦労だけはさせたくないと思いました。そういう想
いが伝わったのか、私の娘は管理栄養士になって今働いています。
　このような経験から、私は子ども時代の最低限の生活習慣の維持と適切な食
事が大事だと思うようになりました。そして、さまざまな理由から子どもに関
わることが難しい保護者、基本的な生活習慣が身についてない子どものために
何かできないかと思い、私はヤングケアラーの相談所を立ち上げました。
　家族のケアのために疲弊している子どもたちと出会った時、私はまず、その

子が「どうしたいか」を傾聴するようにしています。「どうして欲しいのか」と聞く方が支援者としては楽かもしれません。しかし、その子、本人が何に困っていて、この先どうしていきたいのかを知ることが大事だと私は思います。学校に行きたいのか、ケアしている家族の世話を誰かに手伝ってほしいのか、遊びに行きたいのかなどです。とはいえ、苦しい環境で頑張ってきた子どもが、他の人に「私はどうしたいのか」を言うのは勇気のいることであり、しんどいことでもあります。口下手な子もいれば、長い時間をかけて想いを小出しにしてくる子もいます。たっぷり時間をかけて気持ちを伝えてくれるまで待つことが大事です。

　そして、子どもが家族のために作っている食事を一回だけ手伝ってあげることや、入浴の介助を週一回でも手伝ってあげるなど、少し身軽にしてあげると気持ちを出しやすくなるようになると思います。あなたがやってきたことは素晴らしいことだと伝え、本人が頑張ってきたことを認めてあげることも大切です。例えば、お母さんの入浴介助している子どもに対しては、「お母さんをお風呂入れる時にどこ痛がる？」「一緒に手伝いたいからいつものやり方教えて」など、子ども自身に意見を聴くことで、実は自分のやっていることはスキルが必要なことであると気づけることもあります。

3.　その後の人生にも影響する課題

　近年、「ヤングケアラー」という用語が広く知れ渡り、多くの人が社会課題としてとらえて真剣に考えるようになったのは良いことでしょう。しかし、この用語がもたらす危険性についても指摘しておきたいと思います。それは、「ヤング」という言葉の響きから、「これは子ども時代や若者特有の問題で、例えばケアの必要な家族が施設入所や入院することで介護などの問題が解決すれば、それですべてうまくいく」といった印象を与えかねない点です。実際に、厚生労働省でも、ヤングケアラーについては子ども・子育て支援の社会的な課題の一つとして取り上げられていますし、子どもの不利益につながる課題であること自体は間違いではありません。ただ、過度な家族のケアや家事によって生じた不利益は、家族のために自分の時間を割いた子ども時代や若い時代以降も続くことがあります。

　例えば、「30代、40代で今まで職歴がなく学歴も高校中退、資格も何一つ持っておらず今も家族と同居している人」と聞いて、世の中の多くの人はどのような人を連想するでしょうか？「何も努力してこなかった人」「いい年して親と同居している怠け者」「社会経験の少ない能力の低い人」。経歴だけを聞いて評価してしまうとそういった印象を受けてしまう人もいるでしょう。大切な家族のためにケアや家事など、精一杯努力して生きてきて、それなりのスキルを持っていたとしても、書面上の経歴や学歴だけで判断されると、能力の低い人と見なされやすくなります。家族の入院や死別等で手助けが必要な家族への過度なケアから解き放たれ、自分の人生を生きようとして、いざ、社会で働きだそうと決心しても、「何も努力をしてこなかった人」の烙印を押され、新しい人生の出発がしづらい状況も生まれてきます。

　家族のケアのために自分の人生の多くの時間を費やしてきた人の中には、自分を大切な存在だと思える気持ち、自尊感情が極めて低い人が多くいます。家族のために努力してきたこと自体は恥ずかしいことではないのに、世間一般の人が評価する経歴や学歴がないことを自分の恥だと思ってしまい、その結果、自分に自信を持ちづらくなります。このような自尊感情の低さは、仕事以外の人生の転機、例えば恋愛や結婚といった場面においても影響を及ぼすことがあります。特に、家族にアルコールなどの依存症や精神疾患があるケースでは、家族の存在自体を恥として感じ、家族の世話をしてきたことを他の人に打ち明けにくくなります。大切な人ができても、自分のような存在にはふさわしくないと思ったり、恥だと思う家族の存在を隠そうとしたりして、恋愛や友人関係の構築に対しても消極的になってしまうことがあります。親しい人との人間関係の構築だけではなく、その人本人が支援を必要とする状況になっても、「恥」と思っている家族の存在や自分の背負ってきた生きづらさを言い出せずに一人で問題を抱えてしまうことも起こり得ます。

　ヤングケアラーを社会的な課題としてとらえる時に、単に子ども・若者時代の問題として見てしまうと、このような「かつてヤングケアラーだった人々」の生きづらさを見落としてしまうことでしょう。ヤングケアラーの抱える困難を社会の課題として考える時、今、過度な負担を強いられている子どもたちやその家族にどのように手を差し伸べるかを考えると同時に、生きづらさを抱える「ヤングケアラーだった人」の社会参加について真剣に考えることも大切ではないでしょうか。

4. 努力してきたことをプラスに変えるために

　ヤングケアラーと呼ばれる子どもや若者の意見に耳を傾けると、「自分の意思でやっていることなのに、家族を悪者扱いされると悲しい」「自分が家族のためにしてきたことを問題みたいに言われると、過去の自分を否定された気持ちになる」といった声が出てくることがあります。はたから見ていると、「心身がボロボロになるまで頑張らなくてもいいよ」「利用可能な公的サービスもあるよ」と声をかけてあげたくなるような状況であっても、それでも家族の問題は家族で解決したいという気持ちが強い場合もあります。信頼関係を築いていく上で、子どもの気持ちを尊重して、頭ごなしに家族を悪者扱いしないように配慮することも大事です。その一方で、保護者が自分の遊興費のために恐怖で子どもを心理的に支配して、学校にも行かせずにアルバイトをさせ、子どもが稼いできたお金を取り上げるといった虐待と呼べるケースもあり、時には毅然と対応しなければいけないことがあります。多くの子に共通する生きづらさはあるものの、複雑な要素が絡み合い、それぞれの家庭の背景にある課題が多様で教育や福祉、医療など多くの分野にまたがるため、どんなケースにも効果のある特効薬と言えるような対策や支援方法はありません。一人ひとりの実情に合わせた配慮や工夫が必要となります。では、支援者である私たちはこの難しい社会課題にどのように向き合えばいいのでしょうか？

　ヤングケアラーと呼ばれる人や、過去にそう呼ばれている状況にあった人と出会うと、努力家であったり人に対する思いやりがあったり、素晴らしい面に気づかされることが多くあります。しかし、職歴や学歴だけで判断されると、不当に低い社会的評価が与えられてしまい、本人も自信をなくしやすくなります。家族のために努力してきたことを本人が恥ずかしいこととして受け止めている状態は悲しいことです。家庭の事情で生きづらさを抱えてしまった人たちのことを世の中の多くの人に理解してもらいたいところですが、意識を変えてくださいとお願いしてもなかなか難しいことかもしれません。例えば、挫折することが多い就職活動の場面では、企業に個別の事情を推し量って理解して評価してくださいと言うのは現実的には難しいでしょう。しかし、家族のために介護や看病してきたこと、家事をしてきたこと、そして精いっぱい努力してきたことは決して無駄になることはありません。その経験や知識は、例えば福祉

の場において活かすことができるでしょう。多くの企業や世間一般の人々の意識を変えることは難しくても、福祉や教育に携わる人、子どもや困難を抱える人に手を差し伸べようとする人が、家庭の事情で生きづらさを抱えてきた人に対して、もう少し視野を広げて温かいまなざしを向けることができれば、このような人たちがもう少し生きやすい社会に近づくのではないでしょうか。支援の場に携わる私たちの意識から、少しずつ変えていきたいものです。

参考文献

厚生労働省・三菱 UFJ リサーチ＆コンサルティング株式会社政策研究事業本部「令和 2 年度度子ども・子育て支援推進調査研究事業ヤングケアラーの実態に関する調査研究報告書」2021年（https://www.murc.jp/wp-content/uploads/2021/04/koukai_210412_7.pdf）2023年 1 月16日閲覧。

厚生労働省・株式会社日本総合研究所「令和 3 年度度子ども・子育て支援推進調査研究事業ヤングケアラーの実態に関する調査研究報告書」2022年（https://www.jri.co.jp/MediaLibrary/file/column/opinion/detail/2021_13332.pdf）2023年 1 月16日閲覧。

第19章

行き場のない高校生との関わり

横平　謙

思春期から成人になるまでの子どもたちと孤立

　子どもが成長して、成人になって行く過程で大人になる途中の段階で、子どもたちはさまざまな心配事や葛藤に直面します。特に、高校生くらいの年になると、中学生の頃とは異なり、考え方や行動もかなり大人びてくるようになります。見た目や身長も大人にほぼ近づいていき大人扱いされることも多くなりますが、一方で、心はまだ未熟で精神的に不安定になりやすい側面があります。友人や家族、周囲の人とも些細なことで衝突したり、人間関係の輪から外れて孤立したりする場面も出てきます。義務教育の段階である中学生の場合、例えば、子どもが学校に来なくなったら学校の先生や周囲の大人も気づくことができ、必要な支援を受けやすくなります。中学卒業後は高校に進学するか仕事をするか、あるいはしばらくの間、日本中を旅するような生き方もできるようになります。中学時代よりも選択肢が広がり自由な生き方ができるという良い面もありますが、周囲から孤立した子どもたちが社会から見えにくくなる時期であるともいえます。

　私は現在、大阪府の富田林市で、学び直し支援や話し相手などをする子どもや若者の支援に関わっています。以前は、特別支援教育コーディネーターとして中学校で子どもたちと関わっていましたが、今は高校生と関わるようになっています。私が関わる子どもたちが多く住む富田林市は、大阪府の東南部、南河内に位置し、よく言えば自然に囲まれた、室町時代からの歴史的な町並みが残る風光明媚な地域です。自然に恵まれた、ほどよい田舎感が漂う環境ならではの開放感はありますが、地域性としては歴史にゆかりのある土地特有の地縁血縁が色濃く残り、新しい考え方に対してやや閉鎖的な面があります。南河内の方言も聞きなれない人にとっては言い方がきついように受け取られるようで、「ガラが悪い」と評されることがあります。このような地域なので、私が関わ

る15〜18歳くらいの子どもたちの中にも、周りに合わせるのが苦手な子や個性的な考え方をする子は特性の理解に乏しい排他的な周囲と馴染むことが難しくなり、どこの集団にも所属できなくなって孤立してしまう子がいます。土地柄なのか、髪を金髪に染めて喫煙をし、粗暴な言動を繰り返す子、大阪弁で言うところの「やんちゃな子」にも多く出会います。関わる子どもたちの中には、公的な福祉サービスにつなげた方がステップアップできると思われる発達に課題のある子もいますが、必ずしも福祉サービスを必要としない子とも関わります。例えば、バイトには行けるけど部活に行けない子、親が離婚して新しい恋人を家に連れ込んでいるために家に居づらくなっている子、夜の街を徘徊している子、シンナーを吸っている子などさまざまです。生まれ持ってのその子の特性や、本人自身が抱えている個人の問題というよりは、理解に乏しい周囲との軋轢、劣悪な家庭環境など、周りとの関係でしんどさを抱えている子が多くいます。このような子どもの場合、放課後等デイサービスや就労継続支援 B 型のような公的サービスにつなげることは難しく、無理につなげたところであまりうまくいかないことが多くあります。

 ## 2.　公的サービスによる子ども・若者支援の限界と課題

　　しんどさを抱え行き場を失っていて、誰かが手を差し伸べる必要がある子は本人以外の環境においても複雑な背景を抱えていることが多くあります。現行の制度や公的サービスの枠組みの中だけでこのような子どもたちを支えようとすると、いくつかの問題が生じます。例えば、家族の介護やきょうだいの世話で学校に通うことも難しい状況にある、いわゆるヤングケアラーと呼ばれる子どもたち、親同士が毎日激しいけんかをしていて家に居づらいため、夜遅くに街をうろつく子どもたちを想像してみてください。本人自身に何らかの障がいがある子や明らかに虐待が認められる家庭の子は、公的なサービスや子どもの保護につなげやすいですが、本人自身には障がいがなく、家庭環境も虐待事案として介入できるほど劣悪でない場合、子どもと継続的な関わりを制度の枠組みの中で持ち続けることは困難です。家族の世話で社会参加が制限されている子や家庭にも心の休まる場所がない子どもたちを放っておくわけにもいきません。制度の範囲内で関わるのが難しいのであれば、地域の力や民間の力で、同

世代の子どもや信じられる大人と関われる場を作り、人との関わりを通して、自信や力を身につけるという方法もあるでしょう。

　しかし、現在行われている子どもや若者の支援に目を向けると、先に述べた公的な福祉サービスの支援の網には引っかかりにくいような子どもに対しても、福祉につなげるために強引に制度の枠組みに当てはめようとする例も見られます。不登校になって学校だけではなく近所にでかけることも難しくなっている子どもの支援で、しばしばこのような強引な対応が見られます。不登校になる背景や家から出ることが難しい状態にある子には、一人ひとり、さまざまな理由や背景があります。もちろん、放課後等デイサービスのような施設に子どもが通えるようにすることで、その子の支援だけではなく家庭の状態を知ることができるようになります。その子の抱えるしんどさが何らかの障がいに起因しているケースでは、子どもを見守りながら本人の力を伸ばしていく上で大きな利点となります。

　しかし、この種のサービスを利用するには受給者証や療育手帳を取得する必要があります。そのためには医師などの専門家から療育の必要性が認められることが条件となります。不登校の状態が、家族の世話であったり友人関係の悪化であったり、周囲の環境に起因しているケースでは、環境の改善が大切なのですが、それを制度上の手続きを進めるために本人の問題としてとらえて支援につなげようとするのは、支援者の都合を優先しすぎのように私には思えます。そして何より、人と会うこともしんどくなっている子にいきなりお医者さんのところに行って受給者証を取るように諭したり、障がい児の支援サービスを受けなさいと説得することはかなり本人に負担がかかることでハードルが高いことです。

　ここで私が中学校で特別支援教育コーディネーターとして勤務していた時の話を少しご紹介したいと思います。当時、私が関わっていた中学生の中にも学校に来られない状態の子がいました。お昼時になると、私はその子の家を訪問し、家の中には入れてくれないので家の外から、当時お昼に放送していたテレビ番組「笑っていいとも！」の話をするなど雑談をしてまた学校に戻るということを繰り返してました。家族以外にも自分のことを気にかけてくれる人がいる、話し相手がいる、信じられる人がいる、まずは、そこから始めてみることが大切なように思います。しんどい状態にある子に手を差し伸べることは大切ですが、医師との面談であったり障がい受容であったり、心が疲れ切っている

時に余計しんどさを感じさせるような状況に晒すのは考え物だと思います。放課後等デイサービスや作業所に行かなくてもちょっとしたきっかけで力を身につける子もいるので、一人ひとりの子どもの背景や持っている力に合った柔軟な関わり方が大事なのではないかと考えています。

3. 子どもや若者が自信を取り戻せる学び直し

　もう一例、私が中学校で特別支援教育コーディネーターをしていた時に特別支援学級で出会った一人の中学一年生の子のお話を紹介したいと思います。私が勤務していた当時の中学校では、特別支援学級の子には学力を身につける必要はなく、生きる力、生活力だけ身につけさせればいいというような空気が漂っていました。勉強については、国語で言えば中学一年生になっても小学校の時に覚えたひらがなを書かせて「上手にできたね」とほめる、それだけで十分でそれ以上のことはしなくていいといった雰囲気がありました。私の関わった子は、同学年の子と比べると学習の遅れはありましたが暗記をすることはできる子でした。丁寧に教えればこの子の力はもっと伸びると感じた私は、他の子と同じ教科書を持たせてあげたいと思い、国語のワークの時間に同学年の子が同じ時期に習っていた古文を教えました。すると、しばらくしてこの子は中学一年生の古文の問題を解けるようになりました。同じ学年の子が使っている同じ教科書の問題を勉強していること、そしてその問題が解けるようになったことがよほどうれしく、そして誇らしく思えたのでしょう。後でご家族から聞いた話ですが、家の中でも国語の話だけは楽しげに話していたそうです。学習の遅れがある子であっても、やり遂げたという成功体験があると見違えるように自信を持つことがあります。

　この時の私の経験は、高校生と関わっている今も大きな支えになっています。私は現在、「やんちゃ」をしていて同年齢の子よりも少し出遅れてしまった子や集団に所属するのが苦手な行き場のない子のための学び直し支援と居場所づくりで高校生と関わっています。学び直し支援では、基礎的なことから学力と自信を身につけさせています。考え方としては、古文で自信をつけた中学生の子と同様で、できることを増やして自信を身につけ、同い年の子よりも少し出遅れていたとしても新しい一歩が踏み出せるように支えるのが基本です。やん

ちゃな子はやんちゃな子で強がっていても精神的に折れやすい部分があるので、居場所づくりでは、安全な場所で愚痴を言ったり他愛もない話をわーわー言い合える場所の提供を心がけています。話したくない時はその場にいてゲームをしていてもいいし、テレビを見ていてもいい、レゴブロックなどの玩具で遊んでいてもいい、そんな場所づくりを心がけています。同じ年代の子どもと触れ合い、支える大人と交流し、その中で少しずつでもいいので社会性を身につけたり、自分の得意なことを見つけたりしてくれればと願っています。

4. 行き場のない子の止まり木になれるような場所

　子どもや若者、特に悩みを抱える高校生と関わっていて最近感じるのは、子どもと医療の距離が昔よりも縮まっているということです。うつ病などの医療的ケアが必要なケースでは、当然医療とつなげる必要がありますが、周囲との人間関係で葛藤している状態の子どもたちまで、医療や公的な福祉サービスありきで話を進めるのは本当にその子のためになっているのかと思うことがあります。グレーゾーンの子やしんどさを抱えている背景が見えづらい状態にある子については、診断や薬の処方のもう少し手前の段階の関わり方、話を聞いてあげる場所、話さなくてもいいからちょっとおいでよと言えるような場所がもっと増えて欲しいと思いますし、医療機関や福祉サービスと横並びの位置に行き場のない子がいても良い場所が選択肢としてあればいいと考えています。

　私が中学校で特別支援教育コーディネーターをしていた時は、子どもの居場所を作りませんかという話をしても学校の先生から「そんなもの作る意味が分からない」という疑問や反発を受けたものですが、近頃は「子どもの居場所作り」というフレーズもすっかり親しみやすいものになりました。一方で、その「居場所」という言葉がどこか美化されすぎたような、言い方を変えると、公的な福祉サービスに近く、専門的な知識を持っている支援者からの継続的な支援へつなぐための中継地点のような様相を帯びつつあるような感じもしています。そのような「居場所」があってもいいと思いますが、もっと身近で、止まり木のような、頑張って飛び続けることに疲れた時に立ち寄って羽を休められるような、そんな気軽な場所が、大切な気もします。若い子の中には昼夜逆転している子もいるので、不夜城のような夜間でも立ち寄れる場所の必要性も感

じています。

　小学生や中学生、高校生と成長する過程で「君たちがいてもいい場所はあるんだよ、なければ大人が作ってあげるよ、しんどくなったらいつでもおいで」と言ってあげられるような人がもっと増えて、若いうちに大人が子どもたちの心を「ツンツン」刺激してあげることができれば、迷った時にも道を踏み外さずに誰かに助けを求められるような世の中になるのではないかと思います。

第20章

ひきこもり状態にある人の
孤立との関わり、孤立の予防

礒野太郎

1. 多種多様なひきこもり

　ひきこもりという状態が社会的に認知されるようになって久しいですが、一言で「ひきこもり」と言っても、一人ひとりのケースを見ていくと、そのきっかけや背景要因はそれぞれ違います。学校でのいじめがきっかけで外に出られなくなったケースもあれば、何らかの障がい特性が背景にあり、それを周囲に理解されず、孤立を深めていくケースもあります。

　まず「ひきこもり」とはどのような状態なのかを確認しておきましょう。さまざまな要因の結果として社会的参加（就学、就労、家庭外での交遊など）を回避し、原則的には6か月以上にわたって概ね家庭にとどまり続けている状態を指すそうです。内閣府の「生活状況に関する調査報告書」（2019年）によると、ひきこもりの人数は15〜39歳で推計54万1,000人、40〜64歳では推計61万3,000人おり、7割以上が男性で、ひきこもりの期間は7年以上が半数を占めています。近年、ひきこもりの高齢化、長期化が鮮明になってきていると厚生労働省が発信しています。

　皆さんは、ひきこもりと聞いてどのような状態をイメージされますか？

・部屋から一歩も出ず、パソコンで動画鑑賞やゲームをして時間を過ごしている。
・食事は家族が部屋のドアの前に置いてくれる。
・部屋から一歩も出ないので髪の毛や男性なら髭が伸び放題。服はもちろん身体も汚れている。

といったイメージをされる方が多いのではないでしょうか。

　じつは、上記のようなケース以外にも、部屋からは出て家族とある程度のコ

ミュニケーションは取るが家からは出ないケースや病院、散髪、買い物など必要に応じて外出はするケースなどもひきこもりと呼ばれています。

　上記の定義を踏まえて、皆さんは現在ひきこもり状態ですか？　経験をされたことはありますか？　ご家族やご近所、知り合いの知り合いなど身の周りで当事者はおられますか？

　この定義でいくと、私は若いころ転職をするたびに１年間ぐらい極力外出を避け、家でゲームとお酒漬けの生活を送っていましたので、人生で３回の「ひきこもり」経験者ということになります。

2. 何かと誤解されるひきこもり

　ひきこもり状態だけではなく、その原因に対しても誤解が多くあります。

１）不登校＝いじめ？

　中学１年生の夏休み明けに、それまで１度も休んでいなかった私が何故か学校へ行けなくなり、先生から「登校拒否」と呼ばれました。1980年代当時は通学していない状態の児童生徒をまだ「登校拒否」と、あたかも自身の意思表現であるかのように呼んでいましたから、拒否をしていない自分の感覚では、そういわれることに違和感があり、クラスメイトからも「何で登校拒否をしているの？」「誰にいじめられているの？」ときかれても、はっきりとした答えを持っていませんでした。ただ周囲の反応から、良いことではない行動をしてしまっていると少しずつ気づいていきましたが、立ち向かわずに避けることばかり考えていたように思います。朝登校するために家を出て学校へ向かうがたどり着けず公園や畑、ゲームセンターなどで時間を潰していた経験もあります。

　同様の状態を示す表現が「不登校」に代わり、すべてのケースにおいて当事者の意思が登校を拒否しているからだと決めつけていないような呼び名へ変更されたことに少し救われた気分になったことを思い出します。

２）不登校生徒の支援がしたい！

　私が放課後等デイサービスを開設して５年ほど経つと、当事業所の利用者の約半数が不登校もしくは不登校傾向にあったことから（その専門ではないので

ホームページやパンプレットなど特に看板を掲げてはいなかったのですが）、保護者から行き渋りをしている時に無理をさせて通わせるべきか、本人の意思を尊重して休ませるべきか、と毎日のように相談を受け対応に追われるようになっていきました。私自身の不登校の経験がイメージに重なったのか、口コミや支援センターの相談員の紹介などで知りましたとおっしゃる人が増え、地域では知られる存在となっていきました。

　たまたまそのタイミングで出していた求人を見て面接に来られた女性が、「不登校の子どもの支援がしたいです！」と熱い思いをぶつけてくださいました。動機をたずねると、困っている子どものためにできることを始めたいとのことでした。先に述べたように、不登校の状態になっている子の中には、その子に何らかの障がい特性があり、周囲に支援の必要性を気づかれずに、環境に適応できなくなっている子もいます。不登校の子どものほとんどが障がいや家庭環境など見えにくい何らかの課題が複合的に重なって、勉強が分からないからとか、いじめられているからとか見えやすい一つの問題を取り除けば解決するというようなものではないですと丁寧に説明をさせていただいたつもりでしたが、「障がい児支援はやったことがないので自信がなく、自分の子育てと算数教室の勤務経験があるので不登校の支援がしたいです」と最後まで希望されて、結局は「普通の不登校児支援の求人を他で探します」と言い残しご縁がつながりませんでした。

3）いくら本人に対してアプローチをしても……

・A さんの場合

　在籍する高校の進路担当者が事業所に見学予約の申し込みをされて、当日に本人を連れて来られ、「この子には友だちができやすい活動とアルバイトなど自活するまでの伴走者が必要なんです」と思いを語られました。具体的に対応してもらえる場と支援者を求めておられることを知り、この先生の熱意に応えたいと突き動かされたのを今でもよく覚えています。

　状況を聞かせていただくと、母が障がい者手帳を取得されているひとり親の家庭で、経済的には生活保護を受給し、母子ともにひきこもり予備軍のような日々を送っていて、なかなか連絡がつかないうえに電車代が足りないから高校を欠席をすることもあるとのことでした。

　A くんのご自宅へ訪問してなんとか保護者と利用契約を済ませ、A くんと少

しでも多くの時間を一緒に過ごすように努めていました。私からの LINE や電話の呼びかけに対してたまにしか反応してくれませんでしたが、その日は連絡がつき、急ぎ A くんを訪問して家から連れ出して散歩をしていました。A くんは食費をかなり切り詰めているらしく、街路樹の植え込みや川沿いの土手で土筆を見つけると、生えているものをすべて摘み取り、「これをパスタと塩で茹でたら美味しくてお腹いっぱいになるねん」と嬉しそうに教えてくれました。そんな A くんは、毎日ほとんどの時間を自分のベッドの上で YouTube 視聴と、飼っている犬や猫、小鳥やリスなどの世話をして過ごしていました。

・B さんの場合

　地域内の生活支援センターに所属している相談支援専門員からの依頼で、中学校 3 年生の B さんと 4 月に会いました。両親が離婚してしばらくあいだ、2 か月前までは通学していましたが、急にひきこもり状態になり外出もできず、訪問した相談員や私と会う際は黒いプラスチック製のつばが付いている日焼け止め機能のサンバイザーを目深に被って目線を隠し、大きなマスクをして、まったく顔の表情が見えないようにしていました。この後から数か月の間、笑っているのか、泣いているのか、怒っているのかを読み取れない状況での支援を続けたのですが、まるで人形に話しかけているような錯覚を覚え、私自身の心身が万全ではない時には頭痛や吐き気を催すようになり、返事や相づちなどの小さなコミュニケーションがなくなるだけで、こんなにも苦しいものだと知りました。それからは、伝えてくださる人へ、しっかりと伝わっていますよと、いろんな方法で知らせるように心がけています。特に支援者として関わる時は重要なことです。

　B さんによると小学生のころから父にボーイスカウトの活動へ連れていってもらったり、中学生になると陸上部に所属して、中距離走の練習を休まずに頑張っていたと話してくれました。過去の質問に対する返事がスムーズなので状況がよく理解できたのですが、どうやら実際にあったことを話すのは得意だけれど、神経発達症の特性の一つである、原因を考察したり事象について感想を述べるのが不得意な様子です。それを自身もよく把握していて、質問されると黙ったまま一生懸命に考え始めるが、「すみません、考えがまとまらないです。いつもこんな感じになります」と教えてくれました。

　定期的に訪問を続け、お互いのことを話す内に、B さんからさまざまな相談

を受けるようになってきたので、放課後等デイサービス事業所へ誘うと承諾してくれました。もちろん他の子どもたちが不在の時間帯に、車で送迎をして、できる限り人を避ける工夫をしました。通所の回数が増えるごとにサンバイザーのつばの角度が上がっていき、頬が露出され、ときどき目元が見えるようになったころ、予約なしで突然事業所に現れて「前から気になっていた神社に行ってきました」と徒歩で片道1時間ほどかかる道のりを往復してきた様子でした。もともとは運動をしていたので、体力も下がってきたとはいえその気になれば2時間以上歩けるようでした。Bさんは、興味があるものに対しての衝動性と計画性の低さ、一定期間で繰り返されるハイテンションとローテンションといった自分の特徴をなんとなく認識しているものの、考えと行動の折り合いがつかないようでした。

　この段階で、本人の様子を詳細に記録したアセスメントを根拠にして、生活面と社会面の課題をまとめ、短期と中長期の個別支援計画書を立て直しましたが、その際に承諾のサインをいただくためお母さまへ連絡をしました。お仕事と3人の育児でお忙しくなかなかつながらず、やっと起こしいただいた時は、一目で疲れている様子が理解できましたし、Bさんのことはもうどうすることもできないと諦めているように話されていました。

　それからのサポートは、本人が前向きな状態の時に希望されるものを迅速に提供することにしました。

　お金を稼ぎたいと相談されれば、有償ボランティアに同行して2,000円を得る経験をしてもらいましたが、生活リズムが崩れやすく当日に眠っていて連絡がつかないことが頻繁に起こりやめてしまいました。

　社会の善悪に興味を持ち始めると、ネットニュースで知った事件の容疑者について「加害者にもそうする理由があったはずなのに、誰もそこに踏み込もうとしない」と憤りを感じているようだったので、私が所属する「裁判員ACT」の企画の裁判傍聴や弁護士へ質問できる場へ連れていきましたが、しばらくすると興味が薄れてしまいました。

　SNSで知り合った同年代から教わった、自分たちで時代を変えてゆく高校生の有志の集いに関心を持ち、自分もそこに参加すれば楽しいことが起こるかも知れないと楽しそうに話していたので、いつ、どこで、どのようにすれば加入できるのかを調べ、それを保護者に説明して許可をもらい、費用を出してもらえるように説得する方法を一緒に計画を立てようと持ちかけるとテンション

が下がってしまいました。次回までに自分なりのプランを考えるよう促しましたが、先々のことをあれこれ考え、必要な交渉に対して明らかに苦手意識を持っていて、そして面倒くさくなりやめてしまうということが繰り返されました。そして SNS で知り合った同年代の人とは、「本音を書き込んだらハブられました」と言いながら、また別のコミュニティを探してはやめ、探して、を繰り返しています。

　放課後等デイサービスは、期限いっぱいまで利用してサポートを続けました。20歳からは訪問看護サービスの看護師がバイタルチェックや服薬の抜けがないか確認したり、オンラインゲームにはまり過ぎて生活が乱れていないかなどを週に3回訪問して様子をチェックしています。その内容は、本人の同意のもと、私も状況共有をしています。看護師からは、最近は障害者年金受給や生活保護受給に興味を持っているようだと知らせてくださいました。今でもときどき顔を見せにふらっと立ち寄ってくれます。

・Cさんの場合

　ある保護者の会よりご依頼を受けた、「療育を必要とする中高生へのサポート」と題した講演を終えた時、お久しぶりですと声をかけてくださった女性が誰なのかを思い出すのに少し時間を要しました。4年ほど前に高校生の息子さんを連れて、私の職場である放課後等デイサービスへご相談にお越しくださった方でしたが、結局息子さんの意向でご縁はそれきりとなり、よくあるケースの一つとして忘れかけていたので、再会を驚き、そして喜んだのも束の間、実はまたご相談があるとのことでした。

　内容は4歳年下の弟さんのことで、一度お会いさせていただいたお兄さんと同様にひきこもり状態になっているとのこと。お母さまが仕事に出かけている間は兄弟2人きりになり、自室を持っていない環境下で、毎日常にお兄さんに気を配りながら寝食を共にするだけの生活です。家族以外の人と過ごして社会とつながるには、どこで誰に相談すればいいのかと窮状を訴えておられました。立ち話では把握できないほど複雑な状況だと知り、連絡先を交換して後日詳しく聞き取り、数日後にご自宅を訪問させていただきました。

　お母さまからのお話では、弟さんは小学生の高学年ころから行き渋りが始まりましたが、通学することを目標として頑張り続け、欠席しないために母子二人三脚で努力を積み重ねました。そして中学生のある日、ここまでやったんだ

からもう諦めようとお互いに思える瞬間があったそうで、その時を境にひきこもり状態になったと教えてくださいました。振り返れば、なぜあれ程までに出席することに拘ったのかとお母さまは後悔を滲ませながら、少しでもお兄さん以外の人と過ごす時間を増やして、やりたいことを「やりたい」と言える状態にしてあげたいと願い、私に相談してくださったのが訪問支援を始めるきっかけでした。

　訪問初日、数年前の高校生の時に会ったことを覚えてくれていたお兄さんは、精神障害者保険福祉手帳を取得して、主に訪問による医療サービスや福祉サービスを受けており、月に数回だけ受診や買い物のためにお母さまと外出をしていました。私は弟さんの様子を観察し、その人となりを知るために会話を引き出して、信頼関係を築きたいと計画していたのですが、お兄さんはそんな気持ちはお構いなしで、いつもの自分のペースでたくさん話しかけられてこられました。私が弟の描いた絵に興味を持ち質問をすると、弟さんは表情をほころばせながら描いた時の苦労や楽しみを話し始めるのですが、お兄さんが絵に関連した話題で自分のペースに持ち込み、弟は黙ってその話を聞いているという流れが何度となく繰り返しているうちに予定時間が過ぎていきました。

　それから約6年を経て、弟さんとはだいたい毎月1回のペースで雑談とリモートワークで就労するための準備をしています。そこでもキーパーソンとなるのがお兄さんの存在で、ずっと安定して続いてきた母子三人の暮らしに、弟さんが働こうと前向きになっていることで、家庭内に微妙な変化が生じ精神的に調子を崩してしまうことがないか、各関係機関と連携して慎重に進めなくてはなりません。なぜなら、当の本人である弟さんは、自分の希望よりもお兄さんの精神的安定を優先しているからです。

 ## 3.　自分だったら……当事者の視点での実践

　私は、立て続けに家族や友人を失いました。幼少期の頃から思い描いていた「歌手になる」という夢を叶えることができませんでした。そして助けた人に騙されたりしましたが、なんとか歳を重ねて大人になれました。それはきっと、他人と自分との違いを判別できるようになり、世間が求める常識的な社会人と自分との差を認識できるようになったからです。私は誰でも望めばつながるこ

とができる地域社会ってどこにあるのだろう？　誰に聞けばいいのだろう？　無ければ作ればいい？　でもどうやって？　と独り悶々と考え込んでいる頃にパートナーから助言をもらうことができました。そして漠然としたヒントから具体的な仕組を構築して実践し、少しずつ人が集まり、支える人もまた支えられる人から支えられていると感じられるような相互的関係性が緩やかに浸透していく輪の中に自分の居場所を見つることができました。

　どの程度、歩み寄れば自分が楽に生きていけるのか、自分専用の社会の歩き方と帰ることができる、居心地の良い場所を手に入れられた気がしていますし。そして「ひきこもり」や「不登校」が社会問題となり、自分の経験が生かされるのならと思い、13歳の自分が感じていた「こんな大人がいてくれたらな」「こんな居場所があったらな」を具体的に始めているのです。

１）課題を抱える子どもたちが社会に出る準備が出来る場所

　私が福祉に関わる仕事始めた最初の５年間は、障害者居宅支援や移動支援のヘルパーをしながら、気軽にできるボランティア活動の場を提供する任意団体の運営をしていました。そして2015年に奈良県で特定非営利活動法人市民活動サークルえんを設立し、2016年から生駒市にて対象学年を中高生のみに絞った放課後等デイサービス tuna をスタートさせました。tuna では、成人18歳以降の進路を意識した小集団プログラムを実施しています。その初年度から通っていた高校生が、中途退学をするのか親子で迷っていて頻繁に相談を受けました。制度的に放課後等デイサービスを利用するには、どこかの学校に在籍していなければいけないので、その子のために緊急に受け皿を用意するため、通信制高校のサテライト校の認可を取りました。今では常時５〜10名の生徒を受け入れています。そして2021年に個別支援型の放課後等デイサービス kai を開所して、より個人的な悩みや課題に寄り添いサポートする仕組みができました。

　この tuna & kai の利用者にも年々不登校状態の児童生徒は増えていて、ざっくりと半数が不登校を経験しています。状況はそれぞれでまったく別物という印象です。もう何年間も通っていないし今後も通うつもりは無いと断言しているケースもあれば、どうしても相性が合わない先生が担任だったようで、「あの１年間は本当に苦しかった。」と小学生のころの思い出を、乗り越えた過去として高校生が振り返るようになっています。このように卒業生や現在の利

用者だけでも不登校状態の経験者はかなりの人数になりますが、この子どもたちとどのタイミングでどのように関われば、ひきこもり状態になりにくくできるのかを考え続けています。

２）課題を抱える子どもたちが地域で活躍できる仕組みづくりへ

ときどき支援者や支援団体から、ひきこもりや不登校の相談を受けるのですが、私は失敗のない支援方法はないと考えています。どんな小さなミスも許されないのであれば、「関わらない」としか答えられません。しかし、こんな本末転倒な現状も、失敗だったとジャッジする立場の人や機関が変わらないと、世間の風潮も変革されないでしょう。そしてその風潮により「触らぬ神に……」とか「臭いものに……」という傍観する地域が生まれ、一歩踏み出そうとした有志の団体も漠然とした成功を命題とするあまり、「目標は社会復帰させる！」「方針は当事者を快適に！」と存在しない魔法を探して迷宮を彷徨うことになるのです。

個人で社会課題に尽力しようと思われるのであれば、全国の事例や情報を収集して、既に機能している団体を選び、そこのやりかたを学び実践すれば、失敗をしにくいのではないでしょうか。

団体や複数人の有志で社会課題に取り組もうと考えているのなら、まずは誰を？　何故？支えたいと思っているのかを確かめ合って、目の前で困っている当人と実際に「関わる」ところから始めればいいでしょう。すべての答えをその人が教えてくれますから。成功の方法を探すのは「この人の希望を叶えるために協力したい」と思える人に出会ってからにしましょう。

自力だけでは希望を叶えられない目の前の人を支えるには、支援者も管理者も傍観者も一緒につながっていると実感できれば、ひきこもり状態にある人への関わり方が見えてくるでしょうし、不登校状態の子どもたちの不安が軽減されると思います。

① シニアボランティアたちとの見えない壁が崩れる瞬間

私がボランティア啓発や活動を行ってるうちの一つに、コスモス寺の愛称で呼ばれるお寺での作業があります。

初夏と秋に数万本のコスモスが満開を迎え、たくさんの観光客が訪れ観賞されるのですが、そんなお客さんの幸せそうな表情を見て満足そうにしているのがボランティアの皆さんです。真夏は暑さと虫刺されに耐えながら、真冬は厳

しい寒さの中で、草引きや土作りを毎月続けてきてよかったと実感できる至福の時です。

　コスモス育成を手掛けておられる、ご高齢の方が中心のボランティアグループがあり、そこに私の運営する法人の「ならボラ」も参加させていただいています。放課後等デイサービスの中高生メンバーも町の喧騒から離れ、お寺の静けさや草木の空気感で柔らかい表情になり、作業に没頭する人もいれば、カマキリやダンゴムシを捕まえて観察している人もいる自由な空間です。

　そんなある日、副住職から20名ほどのボランティアに向けて、「ここにあるコスモス用の土が入ったプランターをあちらへ運んでください」と新たな作業の説明が入り、しっかりと聞いておられたベテランボランティアの皆さんはすぐに取りかかり始められました。けれどもうちの中高生10名ほどは、耳を傾けていたけれど自信がなくて他の人の様子を確かめている人、説明を聞く前までしていた作業が気になり切り替えることができない人、スタッフに確認をした上で作業に入った人とさまざまでした。

　私は各々の発達特性やその日の調子などを総合的に考慮して、誰にどのタイミングで指示やアドバイスをすればいいのか常に観察と判断をしているのですが、それを実行する前にハプニングが起こってしまいました。どうやらプランターに生えてしまっている雑草を取り除いてから移動させてくださいと追加の指示が入ってしまったようなのです。ただでさえ集団では指示を聞いても、我が事としてとらえることが難しい子どもたちには、一旦手を止めてもらい、話している人に注目を促し、目を見てもらいながら説明をしてやっと認識できることもあるぐらいなのに、ふんわりとバケツリレーの要領で情報が伝達されてしまいました。

　さて、ここで私が目撃したのは、スポーツ万能でコツコツ真面目な男子高校生が、腰痛で休憩している方のプランターを親切心で自分のものに重ね、2段で運んでみると数名の方から褒められたので、気分をよくして彼はその後3段重ねでスイスイと張り切って移動させていましたが、まだ新しい指示を認識していません。雑草を抜いていないことに気づかれた方が優しい口調で「運ぶ前に、生えている雑草を抜いてな」と教えてくださいましたが、本人の意識には届いていないので、返事もなく持ち上げて運ぼうとしています。その様子を見て「先に雑草を抜くんやで」と慌てて伝えましたが、結局歩き始めてしまったので、その背中に向かって「チッ、無視するんかい」と不満を小さく吐き捨て

ておられました。

　私は迷ったけれど、その方に説明をしませんでした。今後長く一緒に活動をさせていただく皆さんには、障がい児童として関わるのではなく、１対１の人間として、一般の大人と子どもとして寄り添っていただきたいと思い、彼の知的発達症を伝えることはしませんでした。

　このできごとから８年が経ち、すっかり情が湧いた皆さんは、子どもたちが欠席すると「前回はなんか用事があったん？　会いたかった」とお声をかけてくださり、毎年高校三３年生メンバーの卒業前にはご住職も加わったお祝いビデオレターを撮影してくださったりと、人と人の関係を築くことが実現しています。

　そして嬉しかったのは、ご自身の近親者で当事者や支援者がおられる方は、そっと「どんなふうに接すればいいの？　コツとか NG とかあれば教えてね」と声をかけてくださる時です。子どもたちの存在は迷惑でも無ければ、かわいそうでもありません、大人が目の前の子どものことを知ろうと一歩近づき、自分の常識と合わない行動を受け入れようと一歩引いてみる、大人のたった一歩で子どもたちの可能性が広がることを、コスモスボランティアの皆さんが教えてくださいました。

② 世話好きのご婦人がもたらすケミストリー

　隣町に奇跡のような、ひきこもり支援のカレーランチ屋さんが運営されています。どこが奇跡かというと、鳥ミンチカレーと汁物、デザートが付いてなんと300円。なのに、その売り上げから調理や配膳など自分にできることを選んで頑張ったひきこもり状態の人に、2,000円のお手当を支払っているのです。例えば60食を完売できた場合18,000円の売り上げの中から、登録制で当日自由参加の若者が７名お手伝いに来ると人件費が14,000円となり、残金で次回の材料費を購入するというサイクルができています。

　この奇跡がどのように始まったのか？

　資金：篤志家が地域のために使ってほしいと提供されたそうです。そして数年経った今もまだその元金が減らずに残っています。

　場所：社会福祉協議会が管理している、少子化で廃園になった元幼稚園の一室を借りています。

　人：近所に住む人生経験豊富なご婦人たちがボランティアで若者の受け入れと、絶品カレーの調理を担っておられます。

　この奇跡を継続するための工夫は？

　支出：ご婦人たちは無償ボランティア、ときどきフードバンクからの食品提供で材料費を削減。

　収入：近隣住民と、高齢者や障がい者のデイサービスなどの福祉事業所で口コミの固定ファンが増えています。

　モチベーション：若者に居場所や活躍の場を提供することで、精神や体調を崩しがちだった人が安定したり、自分が役に立てる存在だと気づけたり、お手当を得る実感から本格的にアルバイトへ移行したり、そして元有償ボランティアに参加していた人たちが就労につながり、お客さんとして「お世話になりました」と食べに来ることが最高の恩返しになっているようです。

　当事業所もお世話になっており、学校では活躍できず居場所がない場面緘黙や自傷行為などが見られる高校生たちは、「お疲れさま、また今後もお願いね」と声を掛けられ、2,000円を手渡されることが他者との関係でしか得ることのできない自己有用感を育み、就労や進学へとつながっていきます。

③ 遅すぎるなんてない、変えたいと思った時が相応しい時

　ひきこもり状態にある人の高齢化が顕在化されて久しく、ある地域で社会福祉協議会が中心となり、共生社会の実現に向けて、さまざまな要因から社会的に孤立した人たちをサポートする仕組みが実践されています。

　そこで私は三つのケースに登録相談員として関わり、訪問や一緒に食事をして社会との接点を持ってもらえるようサポートをしています。年代的には50歳代、30歳代、20歳代の男性で、大学まで順調だったり、小学生からずっと受けてきたいじめが今もトラウマになっていたり、ご家庭の経済的状況や家族構成にも共通点はありません。

　他にも会議やサポーター養成講座などでアドバイザーを務めており、自身の孤立経験と現在の仕事から培った知識経験を基に提言、助言をさせていただいております。

　以下、構築された機能を紹介します。

・相談支援（来所、訪問）

・居場所づくり

・訪問支援（アウトリーチ）

・人材養成（市民サポーター、専門職サポーター）

・ケース会議（困難ケースへの支援の視点・協力者の開拓などを共有・検討）
　各関係機関が連携することで包括的な支援が実現し、支援者が孤立や疲弊することなくより専門的な支援者へアドバイスや助力を求めることができるようになりました。
　以下、関係機関。

・当事者団体
・行政（ひきこもり相談窓口、権利擁護センター、基幹型地域包括支援センター、各課）
・福祉（地域包括支援センター、居住支援法人、居宅介護支援、就労継続支援A型B型、生活介護、放課後等デイサービス）
・教育（教育委員会、各学校）
・医療（訪問看護、各病院）
・矯正、更生保護（法テラス、子ども家庭支援センター、児童相談所）
・地域活動（民生児童委員、社会福祉協議会）
・就労（就労支援機関、若者サポートステーション、ハローワーク、雇用先企業）

　当事者やそのご家族には持続的な伴走者が必要で、地域全体でそのサポートを担う仕組みがあってこそ、安心して暮らせる社会だと考えています。

4.　まとめ

　ひきこもり状態にある人、法に触れる行為に親和性の高い人、悪意のある人物から被害を受ける人、自らを傷つける人、他に害を及ぼす人、自力では止められないほどなにかに依存する人、さまざまな事情で社会にとりこぼされている人たちと対話すれば、その繊細さ穏やかさ人のよさにいつも気づかされます。
　この世界は自己責任だからと上手く生きられない人たちをそのままにして、また次の世代へ引き継ぐのでしょうか。被害者も加害者、加害者も被害者だと感じることができたなら、きっと責任の所在が自分自身にも、そして他人事だと傍観している人にも、まだ実情を知らない人や知ろうとしない人にも、そして社会制度にまで責任の一端があると気づくはずです。

　いま自分にできること、やるべきことを続ければ、とりこぼされている人が
諦めた、なりたい自分へ近づく手助けができると信じています。私自身が誰か
の手助けで、諦めていたなりたい自分に近づいているのですから。

第21章

女性の社会的孤立と支援

村木太郎

1. 社会の変化と女性の孤立

　社会を取り巻く環境の変化や状況の悪化は、とりわけ、社会的に困難な状況にある人に重くのしかかります。障がいのある人、高齢者、さまざまな事情で孤立し、相談できない状況にとっては深刻な状況を招くこともあります。ここでは、特に、生きづらさを抱える少女や女性の課題と支援についてお話ししたいと思います。簡単に自己紹介をすると、私は、現在の厚生労働省にあたる労働省に入省し、35年間官僚として勤め、退職後の現在は大学で教鞭をとって研究活動を続けながら、一方で社会的実践としてさまざまな困難を抱える障がい者の支援、高齢者の社会参加の促進、女性の支援活動をしています。

　厚生労働省の官僚をしていたという話をすると、多くの人は融通の利かない硬い仕事やお役所仕事というイメージを思い浮かべるかもしれません。しかし、実はやりがいのある仕事であり、社会をさまざまな角度から見る機会にも恵まれました。まずはこの辺りからお話をしてみたいと思います。私が本格的に福祉と関わることになるのは、退職してからのことですが、私が労働局長をしていた時に見た社会の現実も大きな学びを与えてくれました。当時、労働局長という立場もあって、労働や雇用環境の調整に関わる仕事をしていましたが、中でも障がいのある人の雇用の実態を通して、働くということはどういうことなのか、そして、あらゆる立場の人が社会に参加することの重要性について気づかされることが多々ありました。働くということは、ただ単に生活のための金銭を得ることだけではなく、社会の中でその人が役割を与えられ、活躍する場を得るということでもあります。特に、障がいを抱えていて、今まで支援してくれた多くの人に「ありがとうございます」とばかり口にしていた人が誰かの役に立つ仕事をして人から「ありがとうね」と言われるようになった時、その人の人生が大きく変わり、輝きだす場面を目の当たりにしてきました。そして、

周りの環境調整次第で、障がいがあってもやれることがあるし、彼らの力を発揮できる場を作ることができると実感しました。この経験は今私が取り組んでいる、障がいのある人の就労や罪に問われた障がい者の支援、高齢者の社会参加促進、女性の支援活動にも大きく影響しているように思います。障がい者の支援については、全Aネット（就労継続支援A型事業所全国協議会）の理事長として、就労継続支援A型事業所と呼ばれる障がいを抱える人の就労サービスの環境改善に取り組み、高齢者の社会参加促進については、全国シルバー人材センター事業協会の専務理事として活動し、女性支援では、妻の村木厚子と共に若草プロジェクトという女性支援のプロジェクトを行い、女性の貧困・虐待・DV・性的搾取・育児ノイローゼ・いじめ・薬物依存などの問題に取り組んでいます。

　障がいのある人や社会で居場所を持たない高齢者の支援、そして、居場所がなく孤立する若い女性にも共通するのは、社会とのつながりの希薄さで、場合によっては社会と断絶していることと、「どうせ私なんか誰にも認めてもらえない」といった自尊感情の低さがあるように思います。

　障がいのある人の就労や罪に問われた障がい者の支援については、最前線の現場で活躍する支援者の方々に筆をゆだねるとして、本章では女性特有の課題とその支援に焦点を当てて詳しく取り上げたいと思います。

2. 孤立する女性が直面する課題

　世の中には多くの支援を必要とする人がいますし、それぞれの人が抱える課題も多様です。障がいを抱えるなどで誰かの手助けを必要とする人は性別を問わず多くの人がいますが、女性、特に、若年で頼れる人もいない女性特有の課題に着目すると、そこにはいくつかの共通する課題が見えてきます。第一に性暴力やDV（Domestic Violence：ドメスティックバイオレンス・家庭内暴力）、第二に性的虐待（特に未成年に対する）、第三に性的搾取の問題が挙げられます。一つ目の性暴力やDVについては、被害者は必ずしも被害者は女性という訳ではなく、男性の被害もありそれぞれのケースで深刻であることは触れておかなければなりませんが、被害報告数の全体を見ると女性の被害件数が圧倒的に多くなっています（男性の性被害の実態についてはこれまであまり着目されてきません

でしたが2022年から厚生労働省が本格的に調査を始めたので、今後実態が明らかになると思います）。また、生活の基盤を支える雇用面に目を向けるとコロナ禍による雇用環境の悪化については、特に非正規女性の雇用が大きく減少したと報告されており、社会の構造的に女性に不利な状況になっていることが窺えます（「令和2年総務省労働力調査」によるとコロナ禍の2020年4月に就業者数は男女ともに大幅に減少しており、特に女性の減少が著しく、男性37万人減に対して女性70万人減と報告されています）。

　奇しくもコロナ禍で過酷な状況になることで、より弱い立場に置かれている人の立場が悪化してその問題が可視化されてきたとも言えるでしょう。コロナ禍による社会情勢の変化は雇用面だけではなく、テレワークによる在宅時間の増加による家族と向き合う時間の増加でも、その影響は見られるように思います。本来であれば家族と支え合う時間であれば望ましいことですが、不安定な状況で心理的ないら立ちを抱えてしまい、行き場のない怒りが弱い立場にある子どもや女性に向けられるという話も耳にするようになりました。また、以前は学校や職場、友人との交流で相談をしたり助けを求めたりすることができていたのにコロナ禍で人と接する機会が減少することにより助けを求めづらくなり、被害が潜在化している懸念もあります。

　女性特有の課題として性暴力などによる意図しない妊娠や出産、中絶の問題もあります。これは、特に判断力が未熟な若い年齢の女性で、交際相手以外に相談できる相手に恵まれず、甘い言葉で騙されて妊娠したと分かったとたん、縁を切られるケースにおいて深刻な問題と言えます。事件化した例で言えば、家族にも相談できずに妊娠を隠し通して子どもをトイレで出産してそのまま放置して死なせてしまうこともあります。この場合、連絡先が分からない父親の責任は問われず、子どもを産んで放置してしまった少女の罪だけが問われてしまうことになります。このような母子ともに不幸になる事案を防ぐには、困った時に相談できる場所や支えてくれる人の存在が重要となります。

　二つ目の性的虐待についてですが、性的虐待は女性に限らず男児や男性についても発生している問題であり、それについても真剣に取り組まなければいけませんが、全体的な傾向として女児や女性に多くの被害が出ています。性的な被害については、被害者が打ち明けにくく、特に加害者が肉親などの近い関係にあり、経済的に頼らざるを得ない関係性で発生している場合、先生などの身近な第三者には相談しにくい状況も生じます。そこで、このような被害を受け

ている人に手を差し伸べるためには、匿名でも相談できる窓口や加害者や関係者に知られずに相談できる仕組みが必要となります。

　三つ目の女性の性的搾取については、性的搾取から多くの人を守るべきという意見がある一方で、本人の自己決定でアダルトビデオの仕事に就く権利もあるなどの考えもあり議論が分かれるところではありますが、同時に根深い問題でもあります。若い女性に関する性的搾取の顕著な例を挙げると、複雑な家庭環境により家出をし、頼るところのない少女に対して甘い言葉で誘惑して、性的な仕事を斡旋する大人の存在が分かりやすいかと思います。いくら少女たちが「私は説明を聞いて納得してこの仕事をしている」と言っていたとしても、身寄りもなく判断力が未熟な少女にその危険性を伝えずに性的な仕事を安易に紹介するような大人の存在から守るような支援をしていく必要はあるように思います。職業選択の自由や自己決定との兼ね合いもあり多様な意見があるとは思いますが、判断力が未熟な未成年についていえば、やはり子どもたちが守られる社会であってほしいと願います。

3.　具体的な支援と女性支援新法

　では、このような状況を踏まえて、生きづらさを抱えている人たちに具体的にどのような支援を展開していけばいいのかという点が焦点となるかと思います。そこで、私たちの取り組みの中から具体的な方法をご紹介していきたいと思います。私たちの取り組みは、①困っている人たちへの直接支援、②支援に携わる団体や支援者への応援、③法律や制度、社会の仕組みの改善、の三つに大きく分けられます。まず、一つ目の柱である直接支援については私が理事を務めている若草プロジェクトの活動では、困難な状況に置かれた少女や若い女性が身を寄せるシェルター（一時避難所）やステップハウス（シェルターを経て自立までの中間施設）としての「若草ハウス」の運営、若い女性が気軽に悩み事や女性特有の性に関する困りごとを相談できる居場所としての「まちなか保健室」、そして LINE で気軽に相談できる LINE 相談を実施しています。相談窓口や居場所はただ作って困ったら来てくださいと言ったところで、本当に困ってる人はなかなか訪れてくれるものではありません。いかに敷居を低くするか、気軽に立ち寄れるかという雰囲気づくりも重要になります。LINE 相

談も気軽に相談できるようにして、そこから信頼関係を築いていくための窓口となっています。以前は、電話やメールでの相談が主流でしたが、現代の若い世代はそれでも敷居が高いと感じることがあるようでこのような形態で相談を受け付けています。

　私たちの取り組みの柱となる二つ目、支援に携わる団体や支援者への応援についてお話すると、全国には心ある支援団体は数多くありますが、善意や情熱に基づいて支援に携わっているものの、運営自体は厳しい状況にあるところが多くあります。そのような団体や施設、支援者の活動を企業に知ってもらい、企業の社会貢献活動とつなげることで、生きづらさを抱える人の支援者を応援する活動を行っています。詳しくは、後述する「生きづらさを抱える人を社会とつなげる工夫」の部分でご説明したいと思います。

　私たちの取り組みの三つ目の柱、法律や制度、仕組みの改善については、私たちやその仲間の働きかけにより、2022年に「困難な問題を抱える女性支援法」が衆院本会議で全会一致で可決して成立し、2024年4月から施行されることとなりました。女性の支援については、従来から「婦人保護事業」という名目で行われてきました。しかし、この「婦人保護事業」は売春防止法を法的根拠とするものであり、法律上は「売春を行うおそれのある女子を保護する事業」という位置づけになっていました。その後、実態に合わせて柔軟な運用が試みられましたが、法律の根拠となっている「売春を行うおそれのある女子の補導や更生」を前提としている部分が、社会福祉でいうところの人権の尊重や自立支援と相いれない部分が多く、運用と実践の場面で多くの矛盾と軋みが生じていました。支援の実態にそぐわないとの批判を踏まえて、新しい「困難な問題を抱える女性支援法」では、支援の対象を年齢を問わず困難を抱える女性とし、行政の役割を明確化し、民間との協働についても法律上明確にしました。ただし、法律が変われば世の中がすぐに良くなるというものではありません。新しい法律に基づいて私たちがこれからより良い社会を築きあげられるよう、力を合わせていく必要があるでしょう。

4. 生きづらさを抱える人を社会とつなげる工夫

　これまで主に困難を抱える女性の支援について述べてきましたが、孤立傾向

にある女性も含めて生きづらさを抱える人と社会をどのようにしてつなげていけばいいのかについても触れておきたいと思います。先に述べたように私たちは企業と施設や困窮している女性、言い換えれば「支援できる人たち」と「支援を必要としている人たち」をつなぐ取り組みとして「TsunA が〜る」という活動を行っています。従来の企業が行う社会貢献活動では、使う人のニーズを把握しないまま企業の商品で売れ残った商品を支援施設に提供するということも多々ありました。そうすると、もらう側からするとあまり必要ではないものが届けられ、せっかく善意でもらったものだから仕方なく使うというような事態も生じていました。そこで、私たちは支援を必要としている人が自分の意思で欲しい商品を選び、選ばれた商品を企業が提供するという形で企業と支援を必要とする人をつなぐようにしました。このことにより、支援を必要とする人もただ単に与えられるという状態ではなく自分の意思で必要とする物を選択することができるようになり、企業としても本当に必要な商品を必要とする人に届けることができるようになります。皆さんが知っている有名なブランドでは、ユニクロがこの活動に参加しています。ユニクロは従来から国外の難民に対して衣服の提供をしていましたが、私たちの取り組みから、日本国内にも支援を必要としている人がいることを知っていただき、「国内外問わず支援をしていかないといけませんね」との言葉を頂戴し、「服のチカラを届ける活動」に参加していただけるようになりました。

　もう一例紹介すると、女性に人気のブランド「Theory」では、児童養護施設で暮らす少女を招待して、販売員が接客し、好きな服を選んでもらい、お化粧をしてカメラマンが写真を撮影するという取り組みを行っています。家庭環境に恵まれず児童養護施設で育った子どもたちの中には自尊感情が低い子も多くいますが、このような体験をすると帰る頃にはうれしそうに自信に満ちあふれた表情を見せてくれます。ここで紹介した事例は若い女性と企業をつないだ事例ですが、これは子どもの支援や障がいのある人の支援においても、同じような取り組みができるのではないかと思います。このように支援を必要とする多くの人が企業や地域、社会とつながれるような仕組みを多くの人と知恵を合わせて考えていければと願っています。

第22章

今後増加する外国人労働者の
社会的孤立を防ぐために

見田勇二

1. 今後も増える在留外国人

社会的孤立の問題を考える上で、日本で暮らす外国にルーツのある人々たちのことを考えることも欠かせません。日本で暮らす外国人と言っても、一時的に日本で仕事をしている人や留学生だけではなく、日本人と結婚して長年日本で生活している人、両親のどちらかが外国人である子どもなど、日本国籍を有している人もいます。日本語が堪能な人もいますが、生活に必要な程度しか会話ができない人、日本語がほとんど話せない人など、語学力も人によって異なります。1995年に発生した阪神・淡路大震災では、日本で暮らす外国人の存在が見落とされ、災害発生時の避難誘導や支援活動で日本語が理解できる人と比較して、大きな不利益が発生しました。現在では、保育所や学校などで外国にルーツある子どもやその家庭にどのようにわかりやすく情報を提供するかという課題も生じています。

日本での外国人労働者の数は平成20年では49万人弱だったのが、令和4年末には182万人と4倍以上と、在留外国人の合計としては2022年末の時点で300万人と過去最高を記録し、今後も在留外国人の数はさらに増加すると予想されます。政府もそれ踏まえ、

① 安心安全な社会
② 多様性に富んだ活力のある社会
③ 個人の尊厳と人権を尊重した社会

といった、外国人との共生社会へ向けての三つのビジョンを掲げています。

そこから見えてくることは、日本が外国人をともに社会を作る一員として包摂され、その多様な文化背景をも個性の一つとして最大限に能力が発揮できるような共生社会の実現を目指しているということです。しかし、一足先に難民・移民の受け入れといったさまざまな政策をしてきた諸外国の例を見ても、

外国人受け入れに伴う問題は必ず発生します。日本も生産人口の減少、労働力の不足という身に迫った問題となったことで外国人労働者問題に向き合い始めたところですが、日本は「移民」という言葉に慎重でデリケートな問題としてなかなか真正面から向き合うことができなかったことも事実で、今となっては日本が批准する国際条約や、国連総会で採択され日本政府が約束している「持続可能な開発目標（SDGs）」の観点から在住外国人への人権意識にも遅れをとっている状況です。今後もさらに在日外国人が増えていくなかで、私たち地域社会としてどのような準備や取り組みが必要なのでしょうか？

2. 「社会的孤立」を生み出す問題

　このような状況の中、このまま日本社会が外国人労働者に対して「血の通った人間」であるということを疎かにし、ただ生産性のための「労働力」として取り扱い、対策や準備を怠るならば社会的な混乱や摩擦が起こることは明らかです。歴史的にはヨーロッパ諸国などは先だって移民問題を経験しています。移民問題が抱えた一つの要因に、同族性の高い地域コミュニティができてしまったことでした。それは移民そのものが問題なのではなく、移民労働者が家族を帯同する場合、再開発地区などの低家賃の劣悪な環境で同族性の高い地域コミュニティができたことにありました。外国から来た人たちが、民族・言語的に同族性の高い地域・地区に集まることにより、そのことが結果的に同族性の高い地域コミュニティができます。同族性の高い地域の何が問題になったかというと、一つに「社会的孤立」を生み出したことです。友原章典は著書『移民の経済学』（中央公論新社、2020年）のなかで、ハーバード大学のパットナムの研究について紹介していて、それによると多様性の高くなる地域（民族が多様な地区）ほど、他人への信頼度が低くなるという結果があり、他集団だけでなく自集団のつながりも損なうといった「社会的孤立」を引き起こす可能性を示唆した研究結果が出ています。パットナム自身も触れていますが、多文化であることが直接その要因を引き起こしていると安易に結びつけるには短絡過ぎますが、言語、生まれた地域など、文化的に知った同族性の高い人たちと一緒にいるほうがその属しているコミュニティへの関心度や安心感が高く、雑多な都会的な雰囲気で隣にいる人もどんな人かわからないといったコミュニティ

には関心、つながり、信頼性が薄くなるように私たちも感じないでしょうか。人々の関心の薄さ、信頼性の低さ、偏見などは接触機会、交流などのつながりがないことによる無知と無理解が原因であったりします。同族コミュニティが出来上がる自体が悪いことはなく、それは自然なことであり同族の助け合いの観点からも必要です。しかし、そこには外部との交流やつながりを希薄にするリスクもはらんでいることを知っておかなければなりません。ドイツやヨーロッパ諸国の過去においては「社会的孤立」が発生すると、そのひずみは「外国人の子どもや若者」に向かって現われます。特に外国人の子ども・若者への学校教育に現れ、言語的・経済的な面から学校教育からドロップアウト（退学）や不登校につながり、地域の治安の悪化、若者たちの進学率、その後の就職率にネイティブと大きな格差が生まれました。

　こういった問題は、これからの日本にも起こりうる問題です。日本においても同族性の高い地域コミュニティができること自体が問題なのではなく、その地域コミュニティが文化的、言語的な違いで外部との接触がなくなり、地域が地元社会から孤立してしまうことが問題なのです。そんな外部との交流や接触のない孤立した地域コミュニティで、もし、何か悪い事件、ニュースなどが発生すると、外国人労働者だからといった安易な結び付けによる誤解やその地域の偏見を生み出しさらなる社会的孤立を進め悪循環となる恐れもあります。こういった諸外国の事例など踏まえたうえに、日本がどういった取り組みや備えが必要かを考えていかなければなりません。

3. 外国人労働者とその家族の「社会的孤立」を予防する取り組み

１）やさしい日本語の可能性

　「やさしい日本語」とは、私たちが普段使用している言葉を、外国人だけでなく高齢者、知的障がいのある方でも理解しやすいように書き換えた簡単な日本語のことです。現在の日本には、さまざまな国と地域から来た外国人が住んでおり、その在留外国人のそれぞれに母国語に対応するとなると少なくとも９言語から16言語の翻訳が必要になります。AIによる翻訳機能もさらに進んでいきますが、わかりやすく単純な構成になっているやさしい日本語を使うには翻訳機能においても有効性が発揮できます。文化庁がおこなった生活のための

日本語に関する調査でも、日本に住む外国人が「日常生活に困らない言語」を日本語とした外国人は63％と、英語の44％を大きく上回っています。

　日本人からしたら英語が世界共通語としてのイメージが強いですが、実際の日本に住む外国人の多くは主に日本語を使って情報を得て生活をしているのです。もちろん詳しい説明や専門分野においては、母国語による翻訳が必要になりますが、日常生活においては、世界的にも難しい言語と言われている日本語の習得の障壁をかなり下げることに期待できます。やさしい日本語を「日常生活のための言語」や「日本語の初期学習としての言語」として位置付けることで幅広く活用できる可能性を持っています。「やさしい日本語」に対する国民の認知度は、まだ3割程度と低いようですが政府もやさしい日本語については「外国人との共生社会の実現に向けてのロードマップ（令和5年度版）」においても重点事項の取り組みとして掲げており、今後のさらなる普及が期待されます。

２）市民ボランティアに日本語教室や日本語サロンの役割

　やさしい日本語には、資格・教育プログラム等、さまざまな活用ができます。その一つは、地元市民ボランティアによるやさしい日本語を使った日本語教室が容易にできるということです。やさしい日本語は教育プログラムが体系化されているわけではありません。あくまでも相手に伝え、伝わるための言い換えや意識であり、日常生活のための「やさしい日本語」なので日本語教師の資格や専門性が必要ではなく、教える側もとっつきやすく誰でも教えることができます。とにかく大切なのは相手に合わせてわかりやすく伝えようとする意識です。ですから、誰でも地域ごとに市民ボランティアなどによるサロンを作ることによって、在留外国人の配偶者を含め交流の場や機会とすることができます。このようなボランティアによる日本語教室やサロンは、日本語学習の役割だけでなく困った時の相談場所としての役割も担うことも期待できます。外国人にとっては困っている時に助けを求めるところがない、またはどこに助けを求めていいのかわからない時、日本の生活でのちょっとした困りごと、子育て等の悩みなど一番に頼れ、相談しやすいのは普段から接している日本語サロンの市民ボランティアなのです。やさしい日本語は、初期日本語教育として日常生活に役立て、地域住民を先生や相談相手とすることができ、外国人とつながるツールとしての大きな可能性を持っています。

３）在留外国人の子供たちへの学校教育

　外国人労働者の増加に踏まえ、もう一つ重要なテーマに外国人労働者に帯同する子どもたちの教育についてです。2023年6月、熟練外国人労働者として永住・家族帯同が可能な在留資格「特定技能2号」の受け入れ対象分野が2分野から11分野に拡大されました。この拡大により在留期間が5年の1号の資格で来日していて今後2号に移行する外国人労働者が相当数見込まれます。外国人生徒の教育の保障は、日本に限らず世界各地で重要な教育テーマであります。日本も批准する「児童の権利に関する国際条約」にも国籍や法的地位の如何を問わない、子どもの教育を受ける権利が明記されており、外国人生徒の教育の保障、質の高い教育の提供を保証することはもう一つの「誰一人取り残さない」社会の実現、「質の高い教育をみんなに」においても強調されています。

　しかし、今の日本の実態としては外国人生徒には、日本の義務教育への就学義務はなく、文部科学省が2019年の調査では、義務教育相当年齢の外国籍就学不明者が約2万人にも上るという実態が分かっています。外国籍であるために、教育機会や進学状況に差が生まれしまうことを予防する対策が必要になってきます。

４）（教員・生徒への）学校での多文化共生・異文化教育

　SDGsの一つに「文化多様性と文化の持続可能な開発への貢献の理解の教育」が含まれています。日本では外国人生徒は増加傾向にあっても、依然、マイノリティであり、それゆえ外国人であることでほとんどの子どもが一度はいじめを経験しているといいます。その原因もただ外国人であること自体であったり、見た目の違い、言葉（日本語がうまく話せないことや発音）などさまざまで、バカにされたりいじめを受けたために話すことができなくなったり不登校になった子ども達もいます。

　このような差別的ないじめを防ぐためにも、管理職や教員の多文化共生についての理解を深める研修の機会や、生徒に対しての学校での異文化教育は不可欠です。先述したヨーロッパ諸国の例を挙げると、今は再び難民・移民問題が再発しているドイツではオランダですでに行われていた「市民化講習」をまねて、ドイツ語講習に加えてドイツ社会の文化やその他の知識を学ぶ「統合講習」を取り入れ政府、自治体、市民として社会統合に取り組みました。こういった取り組みにより、進学率の格差があった状態から大学進学率において外

国人生徒がネイティブの進学率のほぼ同等に迫りました。この事例は、日本でも「日本語教育」と「多様性・異文化教育」を取り組んでいくための大きなヒントになるのではと考えます。「移民」というワードに施策上まだ慎重である日本ですが、過去の諸外国の難民・移民政策やその後の状況を見れば、その国がどのような政策を施行しようが、移民問題に向き合わなければならないことは不可避です。その国の市民社会の脆弱性を「社会的孤立」の予防といった対症療法的な取り組みでなく、外国人生徒の教育の保障・充実といった先を見据えた取り組みによって、将来への日本の発展のチャンスとする発想転換に変えていくことのほうが希望の未来があるのではないでしょうか。

【参考文献】

法務省「在留支援のためのやさしい日本語ガイドライン（2020年8月）」出入国在留管理庁・文化庁、2020年（https://www.moj.go.jp/isa/content/930006072.pdf）

友原章典『移民の経済学』中央公論新社、2020年。

Putnam, Robert D., "E Pluribus Unum: Diversity and community in the twenty-first century", *Scandinavian Political Studies,* 2007, **30**(2), pp. 137-174.

農福一体のソーシャルファーム
── 農福連携による社会復帰 ──

新井利昌

1. ソーシャルファーム

　「ソーシャルファーム」という言葉をご存じでしょうか。ソーシャルファームは、さまざまな理由で生きづらさ、働きづらさを抱える人々を雇用して、共に働く場を作り運営する社会的事業のことを言います。また、障がいのある人や元受刑者など、生きづらさを抱える人が農業の分野で生きがいを持って社会参加できるように、農業と福祉の分野が連携する取り組みのことを「農福連携」と言います。

　私が代表をしている埼玉福興グループは、生活寮、グループホームの運営、農業分野での障がい者雇用・就労支援事業を軸にし、罪を犯した障がい者、元受刑者、ニート、ひきこもり状態にある人、シングルマザーなど、事情は異なるものの一般的な企業で働くことが難しい多様な背景を持った人がみんなで一緒に働くジャパンソーシャルファームで、障がいのある人や過去に罪を犯してしまった人でも受け入れています。我々のグループは社会の中で必要とされる農業生産の組織であり、高齢化してしまう地域を支える担い手となるべく、農福連携のグループとして日々活動しています。

　私たちの活動は大きく分けて、生活の場での取り組みと、働く場での取り組みがあります。生活の場ではグループホームを中心として、福祉的な支援が必要なケース、グループホームから卒業させ、他社の社員寮に送り出しながら、間接的に支える仕組みを作り、2023年には、社会が支える居住支援のスタイルを始め、障がいがあってもステップアップし、生活を選べる環境作りを始めています。

　働く場では、「農福連携」の取り組みとして、重度の知的障がいのメンバー等が働く水耕栽培、軽度の知的、精神、発達、罪を犯したメンバー等と他企業と一緒に働く野菜苗栽培、畑の栽培をしています。農業班のメンバーは300件

の農家さんの苗を作り、これからの農業を支えており、圃場（農産物を育てる場所）では玉ねぎ、白菜の契約栽培を行い、作ってものがすべて売れるよう、地域の農業生産を支えています。そのほか、地元の小学校、福祉施設、一部上場企業、特例子会社、地域一体、社会的農場でさまざまな組織と一緒に、子どもたちと一緒にお米づくりを通しての教育を支えており、現在4年連続で取り組んでいます。この活動では、さまざまな社会資源とととともに、小学生たちと自然栽培でお米を作り、ソーシャルファームで小学生たちの給食を支え、自校給食を守る活動を進めています。

　このように、埼玉福興グループでは、相談、生活、就労、障がい者雇用、他の社会資源を結びつける社会的な中間支援、トータルな福祉を展開し、地域を支える役割を担い、ソーシャルファーム＝社会的健康と定義をしています。社会的な関わりを多くすることこそが、やさしい社会であり、色々な社会の課題を解決することが「SOCIALFIRM」の役割と考え、社会が健康になることを目指してすべてのメンバーたちと行動しています。

2.　出会ってきた人たち

　罪に問われた障がい者への私たちの取り組みは、神奈川医療少年院からの突然の一本の電話から始まりました。我々は「福祉」なので、困っている人を断ったら福祉ではないとの考えから、今までさまざまなトラブルメーカーと対峙してきました。

　しかし、当初は「え、少年院から？　直接？」という戸惑いもありました。最初のケースでは、そのような背景のある人を受け入れることが初めてということもあり、その方の犯罪の質も一番重かったため、申し訳ないけれども顔を見させていただき、本当の悪人なのか判断させてくださいとお願いしました。その後、職員から犯罪の経緯を聞き、実際にM君と会い、M君が障がいを抱えていることがわかったため、M君の受け入れをスタートしました。

　農福一体の受け入れであることから、生活は年代寮で受け入れ、仕事は就労継続支援B型事業所での農業でスタートし、24時間一体で支援を行いました。具体的には24時間玉ねぎの話で過ごす毎日です。「今日はどれだけできた？」、「明日は1反、収穫を終わらせるように」「明日は雨だから調整だね」とこちら

が指示を出すこともあれば、「班長の立場なので、あの子をどうしたらいいですか？」とM君から質問され、「作業はこう教えたらいいんじゃないか？」とアドバイスしたりするなど、言葉のキャッチボールを大切にしました。毎日毎日農業、農業の生活で、悪い事を考える隙を与えず、そのうちM君は書類の記録やトラクターの運転など、他の利用者ができない仕事もこなせるようになり、18年間再び罪を犯すことなく、さいたま保護観察所長さんから感謝状をいただくまでとなりました。現在では障がい者雇用で社員となっています。その後次の夢へ向かうため前向きに退職し、自分の畑を持ちたいと、一般の就労支援で自分の夢へと向かっています。障がいがあっても過去の犯罪歴があっても、生活・就労・障がい者雇用、地域で支える社会的農場で、素晴らしい人生を進んでいます。

　もう一つ別のケースを紹介しましょう。同じく神奈川医療少年院からの後輩T君の話です。T君は、悪い仲間に利用されて罪を犯し、少年院出院後、就労移行支援事業所で次を目指していましたが、仕事の能力が高いT君は福祉的な仕事を繰り返し行う中で、つまらない生活に飽きてしまい再び再犯をしてしまいます。そこから相談支援事業者より直接連絡が入り、本人との面会をお願いされたため拘置所に向かいました。面会に行くと、彼の話から犯罪の状況、仲間に利用されやすいのだろうなという状況を確認できました。そして、「農業やります」との本人の発言を受け、入寮となりました。M君と同じように24時間の農業生活です。M君が先輩であり、最初の指導役、仲間内の調整となり、仕事を覚え、みんなを引っ張れるような真面目な仕事ぶりと、やさしい性格から、一人で農作業をこなせるぐらいまでとなり、生活の安定、人との関わり合いの安定から次のステップへと進ませ、フォークリフトや車の免許を取得できました。T君を2年で就労から卒業させ、農業での障がい者雇用へと送り出し、同時に、生活環境も一人で暮らせるようなビジョンでグループホームに住居を変えました。現在では特例子会社でも管理側まで進めるようなポジションまで進んでいます。生活の方では今はグループホームを出て、福祉的支援を終了させ、社員寮に送り出し、間接的な一人暮らしで進めています。最近では恋人もでき、素敵な結婚生活を夢見て農業リーダー目指し頑張ってくれています。

　ソーシャルファームである我々の一つの事例である二人のケースは、夢を追う二人の青年を、これからの社会のリーダーに育てられるかという、我々の素

敵な挑戦と言えるでしょう。何も資源がなく始まった我々が進めていくことで、他の人たちが真似できるような形を作ることが、ソーシャルファームの役割だと考え、行動しています。

 ## 3.　罪に問われた人たちを受け入れる上での課題

　今の日本の状況からさらなる社会課題が増してくる状況にあります。見えない貧困や、コロナ後による発達障がいとされる人の増加等が、福祉の現場の背景に潜在的に存在していると思います。例えば、不登校を産み続ける教育システムの矛盾から、小学校、中学校での不登校により、若くして社会に出られなくなってしまうケースがあります。これからの時代は一つの形で支援を進める時代ではなくなっています。社会課題にならないようにフォローしながら、どんな状況にあってもそれぞれの生きがいの応援をし続けることで、社会が健康になり、負の連鎖を止める行動を起こしていくことにつながります。それがソーシャルファームの目指す姿です。

　現在では罪を犯した障がい者の受け入れだけではなく、それを支えるスタッフ側でも前科二犯のアーティストもいます。また、協力雇用主として18歳の若手の農業希望者を受け入れ、国が目指す再犯防止を支える新たな挑戦もスタートしています。

　再犯防止の課題は、社会にあると考えます。罪を犯してしまい、壁の中に入り、十分反省して出てきているのに、まだ犯罪者扱い。我々が、社会が、やさしくなければ、地域にいることはできなくなります。施設的なところに入っているだけで、あそこの施設の人は、となるのが現状でしょう。

　課題は、一人ひとりの考え方です。もちろん今までにたくさん犯罪を重ねてきた人のケース以上に、今でいう行動障がいのケースの方が大変なこともあります。対応に専門性が必要な行動障がいのある方たちを福祉の業界で受け入れつつある流れもできています。しかし、先に述べた二人の青年のケースに出会い、福祉的なフォローがあれば、犯罪にならなかったことも知りました。親御さんにも障がいがあるのでは？　というケースもあり、入り口の支援の意味も知りました。彼らとの出会いを通して、彼らがただの家庭が困難だった若者であるということも知りました。元犯罪者だからというだけで、書類だけ見て断る福

祉施設ばかりで、福祉に携わる立場なのに困っている人を受け入れない現状が
あるということも知りました。その方と周囲の環境との相性もあるので、我々
もすべての方を受け入れられるわけではありませんが、これが福祉の現実であ
るということも知りました。

　もちろん、法務省のお世話になり続けないといけない犯罪ケースも、国民の
安全を守るためにはあります。それをソーシャルファーム的に考えると、社会
に出せるケースは、社会に出し、社会の担い手として普通に活躍してもらうこ
とで、我々が支払う税金が低減できるでしょう。社会が知らないで恐れている
うちは、本当は社会に出られるのに、出られないと思い込んで、壁の中に税金
を払い続け、国民の負担は増え続けます。このような状態は、社会は不健康な
状態です。

　まずは M 君と T 君の二人の素敵な夢を応援し続けていこうとこうと思いま
す。ある意味周りはどうでも良いと考えています。まだまだ日本の福祉は世界
に後れをとっておりできるはずのことができていない状態にあると思うので、
現在の日本の水準に合わせるつもりもありません。もちろん本当は、日本は素
晴らしいのにと思っての行動です。世界にはいろんな人がいます。本当の多様
性というのはどういうことか。その中で支え続けていくとどうなるかというこ
とを、自分たちの目で見てみたいです。きっと素敵な世界があるのだろうな
ということを、我々の地域から世界に向けて生み出していこうと思います。

4.　まとめ

　最後にまとめると、我々はソーシャルファームとして、福祉として、農業と
して、農福連携として、オリーブ（生きづらさを抱える人の就労の場）として、
社会的企業として、法務省、農林水産省、厚生労働省等、全国からいろんな人
たちが見学に来たり、一緒に仕事をしたり、外に手伝いに行ったり、できたも
のをみんなに配ったり、社会の中で、障がいがあっても社会で対等に普通に生
きているだけです。税金が半分入っている企業であり、一人ひとりは障害者年
金や生活保護や、法務省でお世話になったメンバーたちであり、国に大変お世
話になって生きています。そんな我々は、国に、社会に恩返しをしなければな
りません。自分たちのことだけ考えずに、まずは頼まれたことをできるだけ受

けてあげ、社会のために頑張り続けることが、組織ということの前に、「人」として貢献しなければならないと考えています。

　我々はただの人です。人の集まりです。我々がやることは、支援を超えた人間的なつながりを作り、再犯しないようなやさしい社会環境、すなわち「社会的健康」を創るために存在しています。ソーシャルファームは社会課題解決をする社会的企業であり、そこに二人の夢を重ね合わせ、世界に打って出られるような組織を地域一帯で作り上げ、ジャパンソーシャルファームとしての確立をしていきたい。そんな憧れを熊谷の地で、みんなで見続けていきます。

第24章

孤立を予防して不幸の連鎖を断つ

堀　清和

1. 不幸の連鎖を断つために

　罪に問われた障がいのある人たちや、何度も罪を重ねて刑務所に入る人たちの人生に目を向けると、共通した特徴がみられます。それは、その多くが社会から孤立しているという点です。本人だけではなく、家庭そのものが孤立していたケースも多々あります。

　孤立は法に触れる行為をしてしまう加害者だけに見られる特徴ではありません。虐待など暴力を受ける被害者、人生に悲観してリストカットを繰り返す人、自らの手で人生を終えてしまう人、このような人々もまた社会から孤立していることが多くあります。相談できる相手もなく、周囲から何かおかしいことが起こっているのではないかと思われながらも長年放置され、問題が複雑化してしまい、個人や家族の力だけでは解決できないほどの生きづらさを抱え込んでしまう。その結果、犯罪の加害者にも被害者にもなってしまう。そのような共通点が見えてきます。

　事件の報道で「あの人は子どもの頃から変なところがあった」「あそこの家庭は前からおかしいと思っていた」「いつか事件を起こすと思っていた」という、近隣の人々の声を聞いたことはないでしょうか。インタビューに答えた人からすれば、事件を起こすような人や家庭には何か問題がある、問題を起こす人は異常者でまともな我々とは異なるという意識があるのかもしれません。しかし、見方を変えれば、事件になる前の段階で兆候やSOSのサインが出ていたとも言えます。異変に気づいた段階で、あるいはもっと前の孤立しかけている段階で誰かが手を差し伸べていれば、加害者や被害者になることを防げていたかもしれません。孤立や生きづらさの背景には、障がいや貧困で困っているのに誰にも相談できない、性的少数者や外国にルーツのある人々など社会から偏見を受けやすい要因を抱えているといったケースが多くあります。これに加

えて、家族が事件の加害者／被害者になり世間から好奇の眼差しで見られ続ける家庭の子ども、いじめや虐待を受けて心に傷を負いながらも誰にも気づいてもらえない子ども、災害や交通事故で保護者が若くして亡くなり、身近で支えてくれる人がいない状態で育った子どもなど、何らかの不幸に遭遇して孤立し、誰かの支えが必要なのに誰にも気づかれずに放置されてきた子どもも、その後の人生に暗い影を落としやすい傾向にあります。当然のことながら、一度不幸に見舞われたらそこから抜け出せないということはありません。問題は、何らかの不幸をきっかけに孤立して、困りごとが発生しているのに誰にも相談できない状態が長年継続してしまうことです。言い換えれば、不幸に見舞われたとしても、誰かが手を差し伸べて、困った時に相談できる環境を整えることができれば不幸の連鎖を断つことも可能になるということです。孤立の背景にはさまざまな要因があります。福祉だけではなく医療や司法など複数の領域にまたがる困りごとも多く、支援者一人がこの複雑な課題に情熱的に奮闘してもできることには限界があります。障がいや医療的ケア、制度や法律など、広範囲の知識やスキル、さまざまな職種のネットワークを活用して地域の協力を得るなど、多くの人の協力が欠かせません。

2. 「障がい」ではなく「困っている状態」ととらえ直す

　孤立した人々に対する支援の現状と向き合うと、時に、制度の狭間に陥り、法律や公的なサービスだけでは対応できない人々の生活の課題をつきつけられます。これは罪に問われた障がい者の更生支援においても同様で、診断名としての「障がい」にのみとらわれてしまうと、支援の網から漏れてしまう人々がどうしても出てきます。

　例えば、シングルマザー／ファザー、家族の介護のために勉学や睡眠など自分の時間を過度に削って家庭を支える「ヤングケアラー」と呼ばれる人々、性的少数者、さまざまな理由で家から出ることが難しい状態の人、働くことが難しい状態の人などです。もちろん、これらの人々の中にも「障がい」のある人も含まれますが、診断名としての、制度上の意味での「障がい」には当てはまらない人も多数います。そうすると、「手帳を取得してもらって公的サービスにつなげる」という典型的な支援方法を使えないケースが出てきます。何らか

の理由で生きづらさを抱えて、孤立し、相談しづらい状況に置かれている人々に手を差し伸べるには、制度上の「障がい」のあるなしでとらえるのではなく、「困っている状態に陥っている人」ととらえ直す視点の切り替えが必要です。複雑な要因で生きづらさを抱える人の支援では、障がいのある人への類型化された支援方法では対応できないことがあります。困っている状態に陥った人はどのようなことで生きづらさを抱えているのか、その困りごとを解決するにはどうすればいいか、共に考えていくという姿勢が求められるのではないでしょうか。

3.　「ふつう」「まとも」の呪縛

　もう一つ、不登校の子どもや長年ひきこもり状態を継続している人と関わる中で感じるのは、「ふつう」や「まとも」の呪縛にあまりにもとらわれすぎて、身動きが取れなくなっているということです。「ふつうの人生」や「まともな人」とはどんな人生、どのような人のことを指すのでしょうか。どんな嫌なことがあっても学校に行って勉強をし、無理にでも友達を作り、世間から認められる大きな会社に入って、9時5時で働いて、たくさん稼いで、休みの日には恋人とデートして、ある年齢に達したら結婚して、子どもを作って、「良いお母さん／お父さん」になって、子どもを良い子に育てて、職場や近所の人とは仲良く付き合い、老後は家族と仲良く暮らす。おとぎ話のような幻想、絵に描いたような「幸せ」を手に入れなければ、自分は「不幸」になってしまう。そんな「ふつう」や「まとも」の呪縛にとらわれてしまい、世間一般の「ふつう」のレールから外れてしまった自分の人生や存在を否定し、それでも「まとも」になろうとして無理に自分に合わない生き方に挑み、疲弊してしまい、「まとも」に生きられないことで自己嫌悪に陥る。そういう人が多くいるように思います。そしてこれは本人の意識に限った問題ではありません。支援者側にも、生きづらさを抱えている人に「ふつう」や「まとも」に生きることを強いる人がいます。世間でいうところの「ふつう」に生きることが本当にその人の幸せにつながるのでしょうか。仮に、「ふつう」の人生ではなくても、例えば、家にこもって毎日絵を描き続け、最低限の生活を送れるくらいのお金でやりくりする中でその人が納得できる絵を一生に一枚でも描き切ることができた

としたら、それは幸せと言えないでしょうか。世界中を飛び回る仕事をしているからと言って世界を知っているとは限りません。狭い生活圏内で生きながらも、毎日、部屋の中で創作と対峙する芸術家は、絵を描くことで世界と対話しているのです。彼らの見ている世界を知ろうともせず、世間の「ふつう」を妄信する支援者は、良かれと思って「あなたは自分が変人であり不幸であることに気づいていない」と言って聞かせて、「ふつう」で「まとも」な生き方をしなさいと諭す。そして、輝いた黄金の時を生き続ける芸術家に「まともな人生」の呪いをかけて、たちまちその豊かで幸せな人生の航跡を退屈で不幸な石の時間に変えてしまう。これでは支援者が考える「幸せ」の押し売りです。その人がどう生きるか、その人が幸せかどうかはその人が決めることです。支援者は困っている状態や孤立して相談できない状態を共に解消していこうとする立場の人であって、他者の生き方や価値観を否定し、指図する存在ではありません。生きづらさを抱えている人は、多かれ少なかれ「ふつう」や「まとも」といった言葉に敏感になっており、その呪縛に苦しんでいます。支援しているつもりが、言葉一つで、さらに身動きができなくなるような状態に突き落としてしまうこともあります。生きる上で最低限の社会性や規範意識の獲得は必要ですが、その人の根幹に関わる価値の否定や価値観の押し付けについては慎重になった方がいいでしょう。

　特に、罪に問われた障がい者の更生支援では、「悪いことをした人」を立ち直らせてやる、「まともな私」が「まともじゃないあなた」を指導してやるといった、いびつな強者弱者の関係に陥りやすくなります。罪を何度も重ねてしまう人の場合、どのような生きづらさを抱えて現在に至ったのか、どうすれば社会に参加しやすい環境が整えられるか、ということを共に考える姿勢が、より一層、重要になります。「悪人の根性をたたき直してまともな人にする」といった視点ではなく、「罪に問われた人々の人生から、孤立を防ぎ、不幸の連鎖を断つための知恵を学ぶ」という視点でとらえ直せば、罪を犯し続けてきた人の人生から得た教訓を、不幸の連鎖を断ち切るための特効薬に変えることもできるのではないでしょうか。

　読者の中には、つらい状況に置かれている人もいるでしょう。今、生きづらさを抱えて孤立している人たちには、「人生にはどうしようもないこともあるけれど、人との出会いを大切にして懸命に生きていれば、意外と何とかなる……かもしれない」「生きてさえいれば活路は案外見いだせる……のかもしれ

ない」と、希望や可能性を感じてもらえたらと思います。一人で困りごとを抱え込んでいる時は見落としてしまう解決策も、多くの人と共に考えることで見つかることがあります。生きてさえいれば、何とかなる可能性はある、そのように思っていただきたいです。この書籍の執筆者だけではなく、困っている人の理不尽な痛みや苦しみを少しでも和らげたいと考える人は世の中にはたくさんいます。

　そして、希望や可能性を感じてもらいたいとの言葉を記載した以上、そこには支える側の責任が発生します。困っている状態の人に手を差し伸べたいと考える人たちには、言葉だけではなく、心と振る舞いでもってその姿勢を示し、生きづらさを抱えている人々に関わっていただきたいと思います。

　本書を通じて、孤立した人に手を差し伸べられる人が増えてくれればと願います。

司法・福祉用語の「やさしい日本語」での言いかえ

『入門・やさしい日本語』認定講師　関西ろくぶんのろく制作
田中かおり・辻本桜子・髙橋華奈・栗山こまよ・中野和子・井上くみ子
入門やさしい日本語認定講師関西ろくぶんのろく
Facebook https://www.facebook.com/kansai6bunno6/

　司法や福祉、行政の用語は一般の人にはなじみのない難しい言葉が多くあります。社会経験の乏しい人や何らかの障がいがある人、日本語が母語でない人は特に理解が困難です。罪に問われた障がいのある人の支援で頻出する司法や福祉関連の用語を「やさしい日本語」を用いた表現をご紹介します。支援の際にご活用ください。

グループホーム
　他の人何人かと一緒に住む家です。自分だけの部屋があり、トイレやお風呂がついている時もあります。（具体的な間取り図やパンフレットを示して説明してください。）

独　　居
　ひとりで家に住むこと。どんな家か（例えばアパートとかマンションとか）は関係ありません。

自　　立
　自分で考えて、決めて、自分がしたい生活をすることです。

在　　宅
　家にいることです。

公営住宅
　〇〇県 / △△市が建てた家です。家賃が安いです。

サ 高 住

　（サービス付き高齢者向け住宅）60歳以上の人が住むところです。いろいろな生活に必要なサービスを受けることができます。

事 業 所

　福祉関係の仕事をしているところです。（具体的な内容を伝えて下さい。）

作 業 所

　障がいのある人たちが、働くところです。Ａ型とＢ型があります。

Ａ 型（作業所）

　（就労継続支援Ａ型）障がいのある人たちが、働くところです。18歳から65歳まで働くことができます。お金がもらえます。

Ｂ 型（作業所）

　（就労継続支援Ｂ型）障がいのある人たちが、働くところです。何歳でも働くことができます。少しお金がもらえます。（Ａ型より安いです。）

生活介護

　ごはんを食べる。お風呂に入る。トイレに行く。そのようなことが、一人でできない人を助けることです。家の中で、料理、掃除、洗濯を手伝います。

日中活動

　朝から夕方まで、働くところや、訓練をするところ、お風呂に入るところなどへ通うことです。

手帳／障がい者手帳

　障がいのある人が申し込むともらえる手帳です。手帳を持つと、いろいろなサービスを受けることができます。（料金の割引や、税金の免除等、具体的にできることを例示してください。）身体障がい者手帳、療育手帳、精神障害者保健福祉手帳があります。

申　　請

　申し込むことです。例）障がい者手帳がほしいと思ったら、役所に行って、「障がい者手帳がほしい」と言います。そのことを、障がい者手帳を申請する、と言います。

計画相談（支援）

障がいのある人が、サービスをつかう前に、どんなサービスがつかえるか、一緒に考えます。その後サービスをつかえます。

なかぽつ / 就ぽつ（しゅうぽつ）

（障がい者就業・生活支援センター）障がいのある人が働くことや、生活することを手伝うところです。お金のことなど、いろんな相談ができます。

ハローワーク

仕事を探すところです。いろいろな仕事の募集を見ることができます。応募したい（働きたい）仕事があれば、そこで、面接を申し込むことができます。障がい者の仕事の募集もあります。仕事を辞めた時の相談もできます。仕事をするための勉強もできます。

就　　労

働くことです。

就労移行支援

障がいのある人が、「会社やお店で働きたいけど、今は自信がない。」という時、訓練（働く練習）をするところです。

就労継続支援

働くところです。A 型と B 型があります。

自立訓練

一人で生活していくために必要なことを訓練（練習）します。例えば、お金のつかい方、話し方、朝早く起きる、などの練習をします。

成年後見

障がいのある人が、福祉サービスやお金のことで、一人ではわからなくて決められない時に、手伝います。だまされて、とても高い物を買うと約束してしまった時も、相談できます。

生活保護

障がいや、さまざまな理由があって働くことができない人に、国から、住むところや食べるものなど、生活するためのお金が出ます。

拘 置 所

　裁判中、有罪か無罪かわかるまで、生活するところです。死刑に決まった人はここから出られません。

裁 判 所

　悪いことをしたり疑いがある人を有罪か無罪か決めるところです。

家庭裁判所

　家族の中で起きた事件や19歳までの人がした悪い事を裁判するところです。

法務少年支援センター（少年鑑別所）

　子どもについての相談ができるところです。学校や仕事のことで困ったことを相談できます。19歳までの人が自分で相談に行くこともできます。

矯正施設

　刑務所、少年刑務所、拘置所、少年院、少年鑑別所、婦人補導院のことです。犯罪をした人や、悪いことをした子どもが生活するところです。また悪いことをしないように教育するところです。

　※犯罪＝法律を守らない、悪いこと

留 置 場

　警察署の中にあります。犯罪をしたかもしれない人が泊まるところです。警察官がそこに泊まっている人を、犯罪をしたのかどうか、詳しく調べます。

刑 務 所

　裁判で有罪になった人が入るところです。18歳以上の人が入ります。17歳以下の人は少年刑務所に入ります。

医療刑務所

　裁判で有罪になった人の中で、病気の人、障がいのある人が入るところです。

少 年 院

　犯罪をした人や、悪いことをした人のうち、12歳から25歳までの人が生活するところです。学校のように勉強したり、働くための訓練（練習）をします。

少年鑑別所

　逮捕されてから、家庭裁判所で、どんな罰を受けるのか決まるまで、約一ケ

月住むところです。

婦人補導院

お金をもらって SEX することを「売春_{ばいしゅん}」と言います。売春をした20歳以上の女の人が、生活するところです。
（2024年4月1日廃止予定）

児童相談所

18歳までの子どもの心や体について、相談できるところです。家庭に問題のある子どもが生活できます。また、周りの環境のせいで、悪いことをしてしまった子どもが、少年院ではなく、警察に行った後や、裁判の後にここに行くことがあります。

保護観察所

保護観察官と保護司が、犯罪をした人、または悪いことをした子どもの教育と生活のお手伝いをするところです。例えば、仮釈放中の人（裁判所が決めた期間より前に、刑務所から釈放された人）が保護観察所に行きます。
※保護観察官＝この仕事の専門家。
※保護司＝町のボランティア。詳しくは「保護司」の説明を見てください。

地域生活定着支援センター

障がいのある人やお年寄りが、刑務所や拘置所から出てきた後、家で安心して暮らしていけるように手伝うところです。都道府県に一つあります。

基幹相談支援センター

障がいのある人が相談できるところです。障がいのある人が働いているところが多いです。

更生保護施設

刑務所や少年院を出たあと、生活する場所がない人が、住むところです。国の施設です。だいたい2〜3か月生活します。仕事がみつかるように一緒に考えたり、手伝ってくれたりします。お酒やドラッグをやめられない人は、お酒などがやめられるように勉強します。自立準備ホームより、たくさんあるので、更生保護施設に入ることのほうが多いです。泊まるお金は、いりません。

自立準備ホーム

　刑務所や少年院を出たあと、生活する場所がない人が、住むところです。NPO 法人や、社会福祉法人の施設です。だいたい 2 〜 3 ヶ月生活します。仕事がみつかるように一緒に考えたり、手伝ってくれたりします。お酒やドラッグをやめられない人は、お酒などがやめられるように勉強します。泊まるお金は、いりません。

逮　　捕

　警察官が犯罪をした人、または犯罪をしたかもしれない人を捕まえることです。

※犯罪＝法律を守らない、悪いこと。

送　　致

　警察官が調べた事件の情報を検察官に送ることです。検察官が裁判をするかどうか、その事件をもっと調べます。

留　　置

　犯罪をしたかもしれない人を警察官が詳しく調べるために、警察署の中に泊めることです。

勾　　留

　犯罪をしたかもしれない人を刑務所、少年刑務所、拘置所に泊めることです。逃げないように、証拠を隠さないように、泊めます。

※証拠＝犯罪をしたことが分かるもの。

起　　訴

　検察官が「この人は犯罪をしたにちがいない」と考えます。そして、裁判所に「裁判をしてください」と言うことです。

不 起 訴

　検察官が「裁判をしなくてもよい」と考えます。だから、裁判をしません。

示　　談

　裁判をしません。話し合って、どうするか決めることです。

釈　　放

　留置場、拘置所、刑務所にいた人がその場所から出られることです。もう家

に帰ってもいいです。

※裁判所が決めた期間より前に、刑務所から釈放されることを、特に「仮釈放」と言います。仮釈放中に犯罪をしない、保護司に報告をする、というルールを守ると、刑務所に戻らなくてもいいです。

保　　釈

留置場、拘置所にいた人がお金を払って、その場所から出られることです。裁判が始まるまで家に帰ることができます。

有　　罪

裁判所が「あなたは犯罪をしました」と決めることです。

無　　罪

裁判所が「あなたは犯罪をしていません」と決めることです。

執行猶予

裁判で有罪になったあと、しばらくの間、何も悪いことをしなければ、罰を受けないことです。刑務所に入らなくていいです。罰金を払わなくていいです。

※罰金＝罰として払うお金のこと。

警　察　官

警察の人です。悪い人を捕まえたり、どんな悪いことをしたか調べたりする人です。

検　察　官

悪いことをした人や、悪いことをしたかもしれない人を、裁判するかどうか決める人です。裁判の時に、どんな悪いことをしたのか説明します。「どんな罰にするか。どのくらいの長さにするか」を裁判官に言う人です。

裁　判　官

訴えた人と訴えられた人の両方の話をよく聞きます。有罪か無罪か決める人です。有罪の場合は、どんな罰にするか、どのくらいの長さにするか、決める人です。

保　護　司

地域のボランティアです。犯罪や悪いことをした人が、社会に戻れるようにお手伝いをします。犯罪や悪いことをした人と時々会って話を聞いたり、アド

バイスをしたり、仕事を見つけるお手伝いをしたりします。

前　　科
前に犯罪をして、有罪になったことがあります。

前　　歴
前に「犯罪をしたかもしれない」と、警察官、検察官に調べられたことがあります。でも、罪に問われませんでした。

再　　犯
前に犯罪をして、また犯罪をすることです。

面　　会
人と会うことです。

アセスメント
どんな福祉サービスが必要か、話をしながら、一緒に考えることです。

モニタリング
受けている福祉サービスに満足しているか、問題はないか、話し合います。

同　　意
説明を聞いて、「はい、わかりました」と言うことです。

契　　約
「そのサービスを受けます」と紙で約束することです。

個人情報
名前や、住所、電話番号など、一人ひとりの情報のことです。

プライバシー
他の人に知られたくない、自分のことです。秘密にしておきたいことです。

門　　限
家や施設に帰らなければならない時間です。

付録 2

支援ツールの紹介

坂根匡宣

　次に、特定非営利活動法人南大阪自立支援センターが2022年度丸紅基金の助成を得て開発した罪に問われた障がいのある人の支援ツール、支援サイトをご紹介します（開発：一般社団法人ダイアロゴス）。

　また、こちらのQRコードから南大阪自立支援センターが2022年度に洲崎福祉財団の助成を得て制作した「罪に問われた障がいのある人の受け入れガイドブック　加害者にさせないためにできること〜「やさしい日本語」を使った支援の方法〜」を無料でダウンロードできますのでご活用ください。

支援に役立つWebサイトのご紹介

触法障害者どっとねっと

触法障害者どっとねっととは、
罪を犯した障害者やその支援者に役立つ情報を発信する Web サイトです。

支援者に役立つ動画

過去に行われた、勉強会や研修会の動画を資料と共に掲載

ー罪に問われた障害者の再犯防止と孤立の予防のための勉強会ー

第3回 2023年11月25日　テーマ「支援の輪を広げるために」

【特別講師：村木 太郎 氏】
罪に問われた障害者の支援

【特別講師：伊豆丸 剛史 氏】
誰一人取り残さない地域共生社会へ
〜「罪を犯した」から「生きづらさ」への転換〜

トークセッション
罪を犯した障害者の支援の輪を広げる
ために

第2回 2023年9月9日　テーマ「司法と福祉の連携と課題」

触法障害者の逮捕後の司法手続きの流れ
（弁護士・社会福祉士　渋谷 有可 氏）

入口支援の基本的知識
（社会福祉士　小川 多雅之 氏）
〜刑務所に入らず釈放される触法障害者支援〜

グループホームにおける触法障がい者
支援の様々なケース
（グループホームことのね 理事長・施設長・
サービス管理責任者　西塙 美子 氏）

フォロー
お願いします！

触法障害者どっとねっと SNS

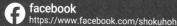 facebook
https://www.facebook.com/shokuhoh

X（旧 Twitter）
https://twitter.com/shokuhoh

触法障害者の理解に役立つ動画

理解や支援に必要な情報を伝える動画と記事

－ Q&A罪に問われた障害のある人について－

罪に問われた障害者ってこわい人!?　　刑務所にはどれくらい福祉の支援を　　なぜ何度も罪を重ねて刑務所に入って
　　　　　　　　　　　　　　　　　　必要とする障がい者、高齢者がいるの?　しまうの?

当事者に役立つ動画

当事者の方に、わかりやすく情報を伝える動画

自立訓練(生活訓練)紹介動画 - ワナビ　　就労継続支援B型 紹介動画 - ワナビ　　就労継続支援A型 紹介動画 - ワナビ

研修会・勉強会の情報提供

研修会や勉強会の情報発信の場

触法障害者に関連する研修や勉強会の情報を発信しております。
研修や勉強会の情報を掲載されたい方は、問い合わせフォームより
ご連絡ください。
※触法障害者・高齢者に関する内容で、無料もしくは少額の参加費のものに限らせていただきます。

触法障害者どっとねっと コンテンツ充実中!

https://shokuhoh.net/

 https://www.youtube.com/@shokuhoh

運営:一般社団法人ダイアロゴス

◇ あ と が き ◇

　この書籍は、日々障がいのある人の支援に携わる人々、特に悪気がなく法律に触れる行動をしてしまいがちな方や、機会に恵まれずに刑務所をセーフティネットとしてきた方を支える人々の、このままではいけないという想いを集めて形にしたものです。

　書籍の前半部分、第一部は、主として罪に問われた障がい者の更生支援についてとりあげています。これは、南大阪自立支援センターが2022年度に洲崎福祉財団の助成を得て制作した「罪に問われた障がいのある人の受け入れガイドブック　加害者にさせないためにできること〜「やさしい日本語」を使った支援の方法〜」を基にして、加筆したものです。第一部の概要版ともいえるガイドブックについては「付録 2 支援ツールの紹介」のページにある QR コードから無料でダウンロードできます。

　第二部は、ひきこもり状態にある人、性的少数者が輝ける場を創出して後に続く若い人たちが活躍する道を切り拓いた人、薬物に手を出した自らの経験を糧にして生きづらさを抱える人の更生支援をする人にお願いして、生きづらさを抱える本人の立場から、また、ピアサポートをする立場から、孤立を予防するための手がかりになる話を書いていただきました。さらに、生きづらさを抱える人の支援者、特に、制度上の「障がい」には当てはまらないような、多種多様で複雑な要因を背景にした生きづらさを抱え、孤立しやすい人の支援に最前線で携わる支援者の取り組みや工夫、提言を書いていただきました。

　生きづらさを抱える人、困難を抱える人と関わる中でつくづく思うのは、手を差し伸べた人や社会の方が手を差し伸べられた人たちに救われているのではないかということです。「なるほど、この人はここでつまずいてしまうのか」「従来の制度や典型的な支援方法では、このような人たちの生きづらさを支えることはできないのか」といった社会や制度の矛盾、より良い支援の在り方を、彼らの人生から学ぶことが多くあります。彼らの孤立を防ぐには、福祉だけではなく、教育や医療、司法に携わる人、地域住民など、多くの人の力が必要になります。一つの領域だけでは解決できない問題も、他の領域の人の知恵や力を借りることで解消できることがあります。そのためには、関連する職種の取

り組みについて知り、公的な支援の網をすり抜けてしまう人々の生きづらさや困りごとに関心を持ち、どのようにすればより良い状態に持っていけるか考えること、そして、同じような想いを持った人とネットワークを作ることが欠かせません。本書が、孤立の予防や罪に問われた人の更生に携わる人々、生きづらさを抱えて孤立している人や家族の再出発の一助になれば幸いです。

　最後に、本書を制作する上で助言をいただいた、大阪府地域生活定着支援センター様、長崎県地域生活定着支援センター様、大阪弁護士会様、大阪刑務所様、堺市社会福祉協議会様、南大阪自立支援センターに日々お力添えいただいている支援者や当事者、ご家族、識者の皆様方、そして、晃洋書房の西村喜夫氏に改めて厚く御礼申し上げます。

　2024年2月

監著者、編著者一同

◆監著者紹介

石野　英司　　第1章、第4章、第6章3節（共著）
　　NPO法人南大阪自立支援センター理事、顧問。全国自立支援センター連絡協議会理事、相談役。社会的弱者を救う連絡協議会代表。全国介護事業者連盟大阪府支部・障害福祉事業部幹事。

◆編著者紹介

堀　清和　　第5章、第24章、コラム1・2
　　一般社団法人PORO代表理事。大阪音楽大学卒、大阪教育大学大学院健康科学専攻修了（学術修士）、関西福祉科学大学大学院社会福祉学研究科臨床福祉学専攻博士後期課程修了（臨床福祉学博士）。第18回現音作曲新人賞本選会入選。博報財団第9回（2014年度）児童教育実践優秀賞受賞。

宮﨑　充弘　　第16章
　　NPO法人サポートグループほわほわの会代表理事、主任相談支援専門員。

◆著者紹介（五十音順）

新井　利昌　　第23章
　　公益社団法人全国障害者雇用事業所協会常務理事、関東農政局関東ブロック農福連携推進協議会会長、一般社団法人日本農福連携協会理事、彩の国埼玉・農業法人協会副会長、一般社団法人農福連携自然栽培パーティー全国協議会理事、さいたま障害者就業サポート研究会事務局。

礒野　太郎　　第20章
　　NPO法人市民活動サークルえん代表理事。放課後等デイサービスtuna、Kai管理者。

伊丹　昌一　　第7章、第8章
　　梅花女子大学心理こども学部心理学科教授。公認心理師、言語聴覚士、介護福祉士、特別支援教育士SV。

上野　典子　　第6章1節
　　NPO法人ひこばえ いずみ所長。

小川　多雅之　　第2章、第3章
　　社会福祉士。主に罪を犯した方の福祉的支援を10年以上行う。

関西ろくぶんのろく（田中かおり・辻本桜子・髙橋華奈・栗山こまよ・中野和子・井上くみ子）　　付録1
　　関西在住の有志で「やさしい日本語」を普及するために活動中。

北野　真由美　　第17章
　　NPO法人えんぱわめんと堺/ES代表理事、人権ファシリテーター。

小名　京子　　第6章2節
　　グループホームつなぐ 管理者。

坂根　匡宣　　付録2
　　ダイアロゴス代表理事。社会福祉士、公認心理師。

白木　早苗　　第15章
　　障がい幼保・支援サービス代表取締役。保育士、相談支援専門員。

末永　貴寛　　第9章
　　弁護士。

中野　瑠美　　第12章
　　ラウンジ経営者。12年の服役経験を活かし更生支援に携わる。

西塙　美子　　第6章3節（共著）
　　一般社団法人ことのね理事長。

林　　吾郎　　第13章
　　ケアサポートりんぐ。せんしゅう療育相談室管理者。南大阪を中心に障がいのある人の地域移行
　　支援に携わる。

foxy-o　　第11章
　　ドラァグクイーン。2024年に20周年を迎えたドラァグクイーンのショーが楽しめる店「do
　　with café」のオーナー。

見田　勇二　　第22章
　　HISWAY 代表取締役。放課後等デイサービス、介護タクシー、ヘルパー派遣、各種研修事業を行う。

宮田　美恵子　　第14章
　　日本女子大学総合研究所市民安全学研究センター研究員、NPO 法人日本こどもの安全教育総合
　　研究所理事長。

三好　真基子　　第18章
　　（株）すりーらいく代表取締役、訪問介護事業所まき、障がい者グループホームまきを運営。

村木　太郎　　第21章
　　北海道生まれ。厚生労働省勤務の後、団体、大学等を経て、現在は障害者支援団体等で活動中。
　　（社福）南高愛隣会理事（一社）若草プロジェクト理事（NPO）就労継続支援 A 型事業所全国
　　協議会理事（NPO）ストローク会理事長（一社）ダイバーシティ就労支援機構理事長。

横平　謙　　第19章
　　特別支援・地域支援コーディネーター勤務後、2014年から現在の NPO 法人にて高校内居場所
　　事業を担当。

流草　　第10章
　　約20年間ひきこもり状態の作家。自然や音楽を通して人や社会とのつながりを目指している。

加害者にさせないために
——社会的孤立の予防と罪に問われた人の更生支援——

2024年7月20日　初版第1刷発行　　＊定価はカバーに
　　　　　　　　　　　　　　　　　　　表示してあります

　　　　　　監著者　石　野　英　司ⓒ

　　　　　　発行者　萩　原　淳　平

　　　　　　印刷者　江　戸　孝　典

　　　発行所　株式会社　晃　洋　書　房
　　〶615-0026　京都市右京区西院北矢掛町7番地
　　　　　　　　電話　075 (312) 0788番㈹
　　　　　　　　振替口座　01040-6-32280

装丁　吉野　綾　　　　　　印刷・製本　共同印刷工業㈱

ISBN978-4-7710-3856-1

障がいのある子の安全教育と対策
──防災・防犯・交通安全・事故予防──

宮田美恵子・堀　清和　監著
石野英司・宮﨑充弘　編著

B5・160ページ・定価 2,200円（税込）
ISBN 978-4-7710-3603-1

障がいのある子の安全教育・対策について、専門家や支援者、
障がいのある子の家族等、様々な立場の執筆者が解説する。

SDGsの推進・合理的配慮提供のための
「やさしい日本語」
──教育・福祉・就労の場で活用できる実践的コミュニケーション──

堀　清和　監著
宮田美恵子・石野英司・宮﨑充弘　編著

B5・182ページ・定価 2,200円（税込）
ISBN 978-4-7710-3628-4

わかりやすく伝える「やさしい日本語」を教育・福祉・就労
の場でも活用することを提言する。